WORLD HISTORY IN MINUTES

한 장의 지식

세계사

탯 우드, 도러시 에일 지음 | 정지현 옮김

arte

/ 차례

서문

인류사를 대표하는 200가지 짧은 역사를 고르는 데는 엄격한 기준이 필요했다. 파급력이 있는 사건인가, 또는 그런 흐름, 국가, 인물인가? 일반 독자가 알고 싶어서 잠깐 짬을 낼 만한 주제인가? 이 책에 실린 역사는 우리도 모르는 사이에 우리 의식 속에 자리 잡은 사건(그 이유를 아는 사람은 별로 없는 이야기, 예컨대 러시아의 이반 4세는 정말 끔찍한 폭군일까?)이거나, 한 단계에서 다음 단계로 나아가는 과정을 설명하는 이야기다.

우리 필자는 무엇을 왜 다뤄야 하는지 대서양을 사이에 두고 토론을 벌였다. 이 책에서 다루는 주제들은 대부분 한 문화와 또 한 문화의 만남이다. 그런 만남은 역사적으로 군대나 상업 또는 둘 모두와 관계 있지만, 일부는 사상이 전파되는 경로와 상관 있다. 암울한 대학살 사건이 많지만 긍정적인 이야기도 섞으려고 노력했다.

우리가 고른 주제는 저마다 책 한 권으로 다뤄질 자격이 충분한데 이 책이 그 주제들에 흥미를 갖는 입문서가 되어 줄 것이다. 삽바타이 체비Sabbatai Tsevi, 짐바브웨의 잃어버린 도시, 프로이센·프랑스 전쟁, 금주법 시행, 소설의 발명 등

생략해야만 했던 흥미로운 주제가 많다. 현대에 가까워질수록 주제가 유럽 중심인데, 이는 지난 다섯 세기의 역사가 주로 유럽 국가가 다른 국가를 차지했다가 물러나는 이야기이기 때문이다.

이 책은 역사 공부의 출발점일 뿐이다. 날마다 조금씩 읽으며 포괄적인 관점을 얻고 더 깊이 파고들고 싶어지기를 바란다.

— 탯 우드, 도러시 에일

루시와 원시인류

지금까지 발견된 가장 유명한 화석 가운데 하나인 루시는 오스트랄로피테쿠스 아파렌시스Australopithecus afarensis의 머리뼈 화석이다. 1974년에 에티오피아에서 발견된 루시는 320만 년 전에 살았고 직립보행에 적응한 발을 가진 원시인류였다.

인류 진화의 역사는 루시가 살던 시점을 기준으로 앞뒤로 뻗어 나간다. 인간과 가장 가까운 친척에 해당하는 사람과Hominidae에 속하는 대형 유인원(고릴라, 침팬지, 오랑우탄, 보노보. 그중에서 보노보가 현생인류보다 루시에 더 가까웠을 것이라는 주장에는 논란이 있다)은 진화적 측면에서 비교적 최근이라고 할 수 있는 약 600만 년 전까지 동일한 조상을 공유했다. 편안하게 직립보행을 한 최초의 존재는 약 400만 년 전에 등장한 오스트랄로피테쿠스 속屬이다. 오늘날의 유인원보다 뇌가 작은 그들은 약 200만 년 전에 멸종했다. 그들은 도구를 만들 수 있었고 현생인류를 포함한 호모 속이 그들로부터 진화했다.

/ Lucy and her kin

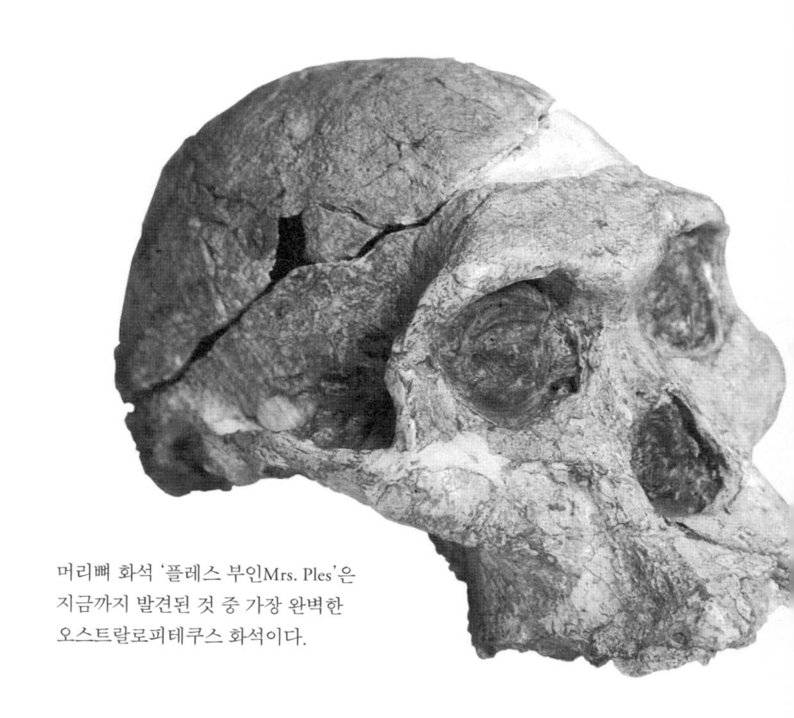

머리뼈 화석 '플레스 부인Mrs. Ples'은
지금까지 발견된 것 중 가장 완벽한
오스트랄로피테쿠스 화석이다.

도구, 예술, 믿음

손이 닿지 않는 곳에 있는 먹이를 나뭇가지를 이용해 가져오는 것과 같이 도구를 사용하는 방법을 배운 동물은 많다. 하지만 심리학자들이 말하는 '마음 이론theory of mind'의 가장 분명한 사례는 인간이다. 초기 예술은 마음 이론이 인류 역사만큼 오래되었음을 보여 준다. 사람이나 사건을 묘사하는 것은 개인의 정신 작용mental process을 타인이 알아볼 수 있도록 드러내는 물리적 표현이다. 그와 함께 다른 중요한 능력들이 인류에게 생겨났다.

그중 하나가 타인의 행동을 상상하는 능력이다. 언어로 의사소통을 하게 되면서 인류는 정보를 초월해 이야기를 만들고 상대방의 반응을 추측할 수 있게 되었다. 그런 능력과 관련된 뇌의 영역도 그 시기에 급속하게 발달했다(일각에서는 인류 문명이 '수다gossip'로 시작되었다는 주장도 있다). 또한 인류에게는 사냥 계획이나 나중에 할 일처럼 눈에 보이지 않는 복잡하고 추상적인 개념을 전달하는 능력이 생겼다. 죽으면 그 능력도 사라진다는 깨달음이 생긴 것도 중요한 지점이다. 놀랄 만큼 이른 시기에, 죽은 뒤 소장품과 함께 묻힌 사람들이 있었다.

기원전 2만 6천년경에 만들어진
〈빌렌도르프의 비너스〉는 선사시대의
대표적인 조각상이다.

아프리카 기원설

약 250만 년 전에 아프리카에서 진화한 호모 속은 뇌가 꽤 커서 생존에 유리했다. 오스트랄로피테쿠스는 호모 속이 출현한 이후 곧 멸종했다. 메리와 루이스 리키는 탄자니아의 올두바이 협곡Olduvai Gorge에서 호모하빌리스Homo habilis 화석을 발견하면서 유명해졌다. 작은 유인원 같은 생김새에 석기 도구를 사용하는 원시인류였다(그래서 '도구를 쓰는 사람'이라는 뜻의 하빌리스라는 이름이 붙었다). 그 뒤 원시인류는 더 크고 힘이 세졌고 사람에 가까워졌다.

화석 기록은 호미니드(원시인류)가 약 200만 년 전부터 아프리카에서 시작된 여러 차례의 이동 물결을 통하여 유럽과 아시아로 퍼져 나갔음을 알려준다(얼마나 많은 종이 합류했고 언제까지 살아남았는지는 확실하지 않다). 그 후 호미니드는 수백만 년에 걸쳐 발성기관을 발달시켰으며 수렵·채집을 하는 사회집단을 이루고 불을 사용하면서 살아갔다. 현재 DNA 연구를 통해 현생 인류가 약 20만 년 전 아프리카에서 출현해 퍼져 나가 다른 호미니드를 대체했고 또 그들과 상호 교배가 이루어졌다는 사실이 밝혀졌다.

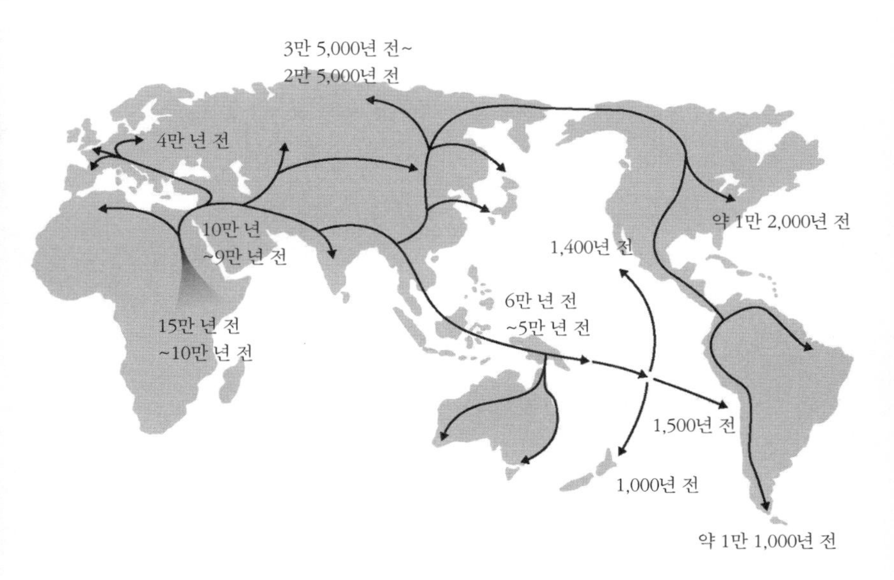

현대 호모사피엔스가 언제 어떻게 퍼져 나갔는지 보여 준다.
다른 호미니드 종들도 오래전에 비슷한 과정을 겪었다.

네안데르탈인

네안데르탈인(독일의 작은 골짜기 네안데르탈에서 1857년에 발견)은 현생인류와 가깝고 유럽에 분포한 최초의 화석 호미니드라는 점에서 관심을 끌었다. 네안데르탈인은 아프리카에서 호미니드의 이동이 최초로 있은 이후 유럽에 정착했으며 약 4만 년 전까지 살았던 것으로 보인다. 호모사피엔스는 아마도 6만 년 전쯤에 아프리카에서 떠나왔고 네안데르탈인의 멸종에 주요 역할을 했을 것이다. 둘 사이에 상호 교배가 이루어졌다는 DNA 연구 결과가 있지만 아직 확정적이지는 않다.

처음에 과학자들은 네안데르탈인이 지적이지 못하고 등이 굽었다고 추정했다. 맨 처음 발견된 골격이 관절염에 걸린 남자의 것이었기 때문이다. 좀 더 최근의 연구 결과는 네안데르탈인이 신체적으로 강했음을 보여 준다. 추론이 가능했고 뇌 용량이 컸다는 증거도 점점 늘어나고 있다. 언어능력은 제한적이었고 정교한 부싯돌 도구를 사용했으며 종교의식이 발달했다. 죽은 사람을 매장한 장소도 다수 발견되었다.

/ Neanderthals

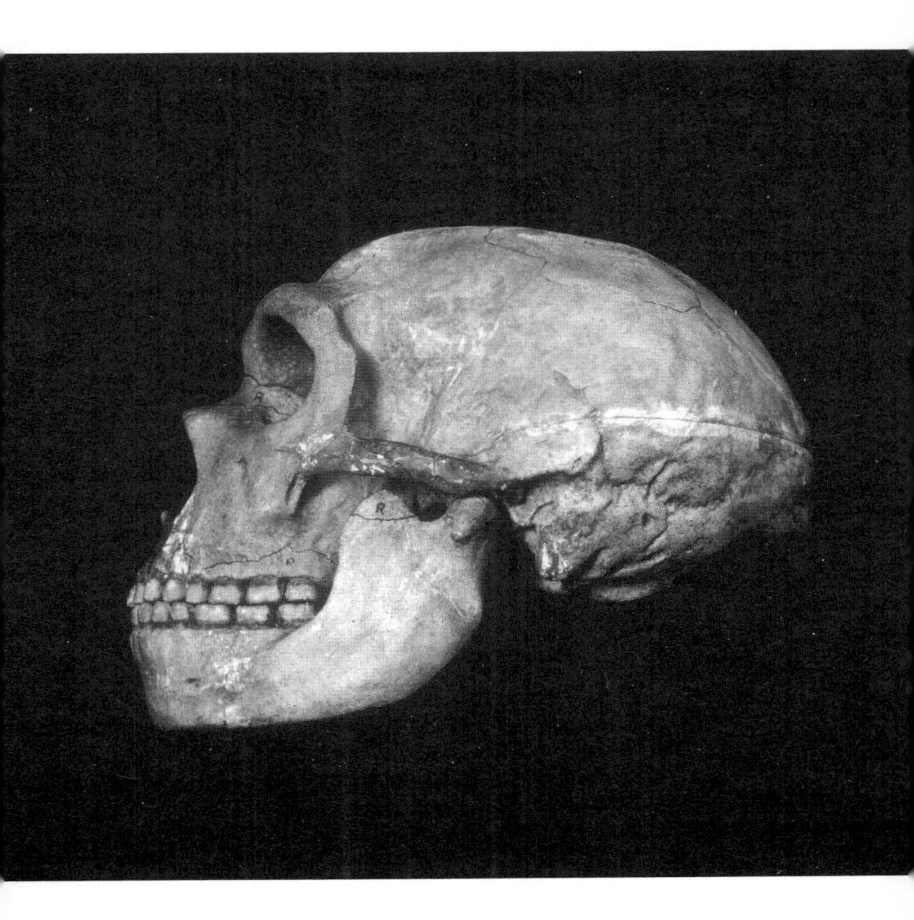

빙하시대

258만 년 전에 시작된 홍적세에는 지구의 평균기온이 내려가고 극지방의 만년설이 열대 지역으로까지 확장되는 여러 단계가 나타났다. 지구 온도가 낮고 빙하가 대륙을 덮은 빙하시대(지구 육지 표면의 3분의 1이 빙하로 뒤덮인 때도 있었다)는 크게 네 단계로 나뉜다. 일반적으로 두 빙하시대마다 1만~1만 5천 년의 간격이 있다.

불과 무기, 언어로 무장한 유목 인류는 툰드라에서 사냥하고 동굴을 피난처로 삼았다. 사냥감이 먹이를 찾기 위해 넓은 지역으로 이동하면서 인류도 사냥을 위해 멀리까지 퍼져 나갔다. 해수면이 낮아져 현재의 바다에 육로가 드러났고 몽골에서 퍼져 나온 인류가 아메리카 대륙에 거주하기 시작했다. 아메리카에서는 말馬이 진화했지만 곧 멸종했고 그 전에 동쪽으로 이동했다. 서기 1300년부터 약 500년 동안 기후 냉각climatic cooling이 있었지만 주요 빙하 작용은 약 1만 년 전에 끝났다.

/ Ice ages

오세아니아

태평양 제도에 정착한 초기 호미니드 종은 없었지만 빙하시대에 드러난 육로 덕분에 약 4만 년 전(최초의 배가 등장하고 한참 후)부터 현생인류는 필리핀과 오스트랄라시아 등지에 정착했다. 동폴리네시아에는 훔볼트 해류Humboldt Current를 따라 남미 선원들이 정착할 수 있었다. 정교한 농업이 발달해 어업을 보조했다.

이곳에는 수많은 섬과 만이 있어서 균일한 정착이 이루어지지 않았다. 하와이나 이스터 섬처럼 서기 1000년까지 사람이 살지 않았던 곳도 있다. 하지만 고립된 지형 때문에 다양한 언어가 발달할 수 있었다. 언어 종류도 수백 가지가 넘고 어족도 여럿이다(문자가 없는 문명에는 구전 역사가 발달했다). 언어학자들은 각 섬에 사람이 정착한 시기를 파악하고, 종교적으로 강력한 족장을 거느리고 여러 계급제도가 발달했던 제국들의 흥망성쇠를 추적함으로써 언어의 변화 과정을 기록할 수 있다.

아라위 마오리족의 문신 모양을 자세하게 보여 주는 석고상. 뉴질랜드는 약 800년 전에 오세아니아에서 마지막으로 인류가 정착한 곳이다.

신석기시대의 확장

마지막 빙하시대가 끝나고 인류는 기술적 정교함이 크게 발달하는 시대로 접어들었다. 인류가 사냥하던 덩치 큰 포유류가 다수 멸종하면서 새로운 식량원이 필요했다. 빵은 그보다 훨씬 전부터 만들었는데 메소포타미아에 사는 사람들은 야생 곡류와 콩류를 경작하기 시작했다. 개는 수천 년 전부터 사육했고 염소와 양, 말, 낙타, 무엇보다 소를 길들여 가축을 치면서 유목 생활이 가능해졌다.

목축업이 발달해 기원전 5000년부터는 수렵·채집 생활을 버리고 정착 생활을 하게 되었다. 도자기 그릇의 쓰임새가 늘었고 진흙 벽돌로 만든 영구적인 건물도 등장했다. 이러한 기술은 서아시아에서 구대륙(아시아, 유럽, 아프리카 포함)으로 퍼졌다(동물 중에서 라마의 가축화만 가능했던 아메리카 대륙에서는 독자적인 농업이 발달했다). 청동이 도입되면서 돌은 도구보다는 주로 건물을 지을 때 사용되었다.

/ Neolithic expansion

청동과 철기

인류 최초의 합금인 청동은 구리와 주석을 녹여 만든다(따라서 주석이 생산되는 먼 지역과의 교역이 필요했다). 그 전부터 인류는 금과 구리를 섞어 장신구를 만들었지만 청동을 사용하면서 성능과 내구성이 석기보다 뛰어난 도구와 무기를 만들 수 있었다. 청동은 기원전 약 3500년부터 메소포타미아에서 사용되었고 만드는 방법과 기술에 따라 여러 문화가 생기면서 확산되었다. 나중에 아메리카 지역에서 비슷한 기술이 발견되는데 메소포타미아와 상관없이 독자적으로 발달한 것으로 보인다.

청동 검과 도구는 수명이 길어서 상속과 절도가 가능했다. 도시가 발달하자 전문 군대도 생겨났다. 청동 농기구로 들판을 갈고 고를 수 있었고 더 오래된 점토와 밀랍 기술이 금속공예에 사용되었다. 인류가 처음 철광석으로 만든 금속은 탄성이 약하고 부식도 심했다. 하지만 기원전 610년경 기후변화로 대규모 이동이 일어나면서 유럽에서 철광석을 채굴하는 것이 더 쉬워졌다. 일본과 아프리카 남부 등에서도 거의 비슷한 시기에 청동과 철기가 사용되었다.

메소포타미아

티그리스와 유프라테스 강은 토로스 산맥과 자그로스 산맥에서 발원해 남동쪽으로 흘러 바스라 근처에서 만난다. 두 강 사이에 거의 평행하게 펼쳐진 지역은 사막에 둘러싸인 비옥한 땅이었는데 그리스어로 '두 강 사이'를 뜻하는 '메소포타미아'라는 이름이 붙었다. 이 지역에서 발견된 1만 년 전에 만든 토기는 기후변화에 따라 경작지가 남쪽으로 옮겨 갔음을 알려준다. 신석기시대에는 계획적인 경작으로 이어졌다. 엠머밀과 호밀, 보리, 아마를 선발 육종(이를 알고 한 것인지에 관해서는 의견이 분분하다)해서 소를 이용해 경작했다. 청동 농기구를 사용해 경작과 수확에 드는 노동력이 줄어들었다.

날씨를 예측하고 물과 곡물을 어느 정도 관리할 필요성에서 단일경작 현상이 나타났다. 인도의 인더스 계곡과 중국의 황해(올벼가 주요 식량)에서도 비슷한 과정이 나타났다. 쌀이 메소포타미아와 인도로, 청동이 중국으로 전해졌다고 예측하기 쉬운데, 그런 발달 유형은 우연의 일치일 수도 있다. 메소아메리카에서도 비슷한 유형이 나타났지만 독자적인 발달로 보인다. 도시는 오래 지속되면서 요새화되었다. 이란의 수사Susa와 두 강이 만나는 지점에 있는 우르Ur는 기원전 4400년경 이미 도시를 형성했다. 윤택한 도시에서는 기록과 방어를 위해 서기관과 군대를 두었다.

최초의 숫자 기록에는 연점토로 누른 자국이 사용되었다. 기원전 3100년경에 최초의 알파벳과 산수가 등장했다. 소가 밭을 갈듯이 왼쪽에서 오른쪽으로 썼다가 다시 오른쪽에서 왼쪽으로 쓰는 이른바 '좌우 교호 서법'이었다. 위에서 아래로 적는 그림문자 기록은 더 일찍 나왔다. 수메르어의 문자는 기원전 2600년경에 쓰이기 시작했다. 문자의 등장과 함께 칙령과 연대기는 물론 『길가메시 서사시』 같은 신화가 만들어졌다. 문자를 배우려면 수십 년이 걸려서 특수 집단(여성 포함)만 제한적으로 사용했음을 짐작할 수 있다. 그 밖에 건축, 조각, 양조, 금속 주조 같은 여러 전문 분야가 있었다. 기원전 2500년 이후에 여관 주인이던 쿠바바가 여성으로 유일하게 수메르의 왕이 되어 여러 어머니 신과 동일시되었다.

바빌론

메소포타미아는 석기나 목재가 부족했지만 그곳에서 바빌론이나 우르, 예리코, 사마라, 니네베 같은 중요한 도시가 탄생했다. 그중 다수에서 폭정이 있었다고 전해진다(『성경』 같은 기록은 정복당한 쪽이 기록한 역사이다).

수무아붐Sumu-abum이 기원전 1894년에 세운 바빌론은 함무라비 시절에 제국으로 발전했다. 성문법, 학교, 세금, 상점, 이동 수단 등 후기 도시의 많은 특징이 바빌론에서 발달했다. 도로가 건설되었고 원래는 그릇을 빚는 물레에 사용되던 바퀴로 만든 수레를 흔히 찾아볼 수 있었다. 60진법을 사용한 바빌로니아의 숫자 체계는 오늘날 기하학과 시간 기록 체계의 핵심이다. 바빌론은 한 세기 넘게 메소포타미아를 지배했고 훗날 (히타이트인의 정복과 아시리아의 지배를 당한 후) 네부카드네자르 2세가 이집트를 공격하고 예루살렘과 티레, 니네베를 점령하면서 화려하게 부활했다. 재건설된 도시와 공중 정원은 수세기 동안 건재했다.

/ Babylon

통일 이집트

메소포타미아에서 농업이 전파된 후 이집트문명은 급속하게 발전했다. 홍수가 정기적으로 찾아와 예측이 가능하고 관개와 비옥한 토사를 제공하는 나일 강을 중심으로 발전했다. 파라오는 살아 있는 신으로 대접받으며 일출日出과 조수潮水를 관장했으며 상형문자(신성문자)로 기록되었다. 이집트에서는 대표적인 두 왕국이 발달하니, 나일 강 삼각주 근처의 하이집트와 수단 국경 근처의 상이집트다. 기원전 3000년경에 파라오 메네스가 통일했다. 메네스는 이집트를 최초로 통일하고 이집트 제1왕조(제31왕조로 막을 내렸다)를 창건했다. 얼마 후 새로운 수도 멤피스가 건설되었다. 이집트의 고왕국, 중왕국, 신왕국 시대에는 지역 분쟁과 내란이 자주 일어나서 새 왕조가 금방 들어섰다 사라졌다.

뛰어난 건축가 임호테프가 기원전 2630년경에 건설한 최초의 계단식 피라미드는 석실 분묘가 자연스럽게 발전한 형태였다. 1,000년 후에 지어진 쿠푸의 대피라미드는 헤로도토스가 꼽은 세계 7대 불가사의 중 유일하게 현존한다.

유대교

과거 서로 이웃하는 두 왕국, 남쪽의 유다왕국과 북쪽의 이스라엘왕국은 같은 일신교를 믿었다. 여기까지는 『성경』 이야기와 고고학자들의 연구가 거의 일치한다. 『성경』에 나오는 대로 유다왕국이 다른 신을 섬겨 멸망했는지는 알려지지 않았다. 현재 전문가들은 유다왕국이 아시리아의 속국이었다고 한다. 바빌론 왕 네부카드네자르 2세는 기원전 600년경에 유다왕국의 수도 예루살렘을 파괴하고 주민들을 포로로 끌고 갔다. 이는 유대교 성경 『타나크Tanakh』가 공식화되는 결과를 가져왔다. 대부분이 이미 쓰여 있었지만 계율은 이 시기에 정해져서 바빌론 문화의 영향력이 나타난다.

인구의 상당수는 이스라엘에 남았다. 그들은 페르시아의 정복자 키루스 2세가 바빌론을 점령한 뒤 신전을 재건하라며 레반트로 돌려보낸 유다왕국 포로들과 갈등을 빚었다. 그 후 이스라엘과 예후드(예전의 유다)는 기원전 2세기에 마카바이오스 일가가 이끈 전쟁으로 다시 독립했다(바빌론을 이은 셀레우코스왕국은 약해지고 있었다). 폼페이우스 장군이 기원전 63년에 침략한 뒤 로마의 영토가 되었다.

유대인의 대반란 이후 70년경 로마의 예루살렘 약탈로 신전이 파괴되었지만, 로마제국에 맞선 유대인의 저항은 간헐적으로 계속되었다. 136년 폭력적인 반유대주의 황제 하드리아누스에 맞서 바르 코지바Bar Koziba가 이끈 반란이 이스라엘의 소멸과 디아스포라로 끝이 났다. 유대인들은 동쪽으로 이동해 아바스왕조와 콘비벤시아 시대(기독교, 유대교, 이슬람교의 공존. 옮긴이 주)의 에스파냐, 훗날 베네치아와 오스만제국에 큰 영향을 끼쳤다. 탈무드 해설과 랍비 구전 지식은 조국을 잃은 신앙심의 필수적 토대가 되었다.
기독교는 콘스탄티누스 황제가 325년에 니케아 공의회를 소집하기 전까지 유대교의 분파로 간주되었다. 유럽이 유대교를 인정하기 전까지 이주 유대인들은 증오 대상으로 이용되었다. 흑사병도 유대인 탓이라고 했다. 19세기 후반 제정러시아에서 자행된 유대인 집단학살로 유대인 다수가 동유럽과 러시아에서 미국과 런던 동부로 이주했다. 이러한 현상은 홀로코스트에서 극에 달했다. 1948년 신생 국가 이스라엘이 건국되었다.

크레타 섬의 미노스문명

고대 그리스에서 가장 큰 섬이 청동기시대 최초의 에게문명인 미노스문명(기원전 약 27세기~5세기)의 발상지가 되었다. 크레타 섬 사람들은 그들의 교역 대상이던 페니키아인처럼 항해 기술이 뛰어나 이집트, 지중해 동부와도 교역했다. 그들이 썼던 선문자A Linear A는 오늘날까지도 해독되지 않았다(선문자B는 그리스어의 최초 형태인 것으로 보인다). 또 그들은 다수의 도시와 왕궁을 지었는데 그중 가장 유명한 도시 크노소스Knossos는 거대한 규모와 복잡성, 황소와 관계된 종교의식 때문에 그리스의 미궁 신화에 영감을 주었다.

미노스문명이 쇠퇴한 이유는 여러 가지다. 섬에 한 차례 이상 찾아온 지진과 기원전 15세기에 근처 티라 섬(지금의 산토리니)의 화산 폭발로 추정되는 자연재해가 큰 영향을 끼쳤다. 미노스문명은 그리스 본토로 이동해 미케네문명이 성장하는 데 일조했다. 세련된 미노스문명의 급속한 파괴는 플라톤이 언급한 아틀란티스의 전설과 관계 있는지도 모른다.

페니키아

지중해 연안의 도시국가들은 기원전 1500년경에서 기원전 539년에 걸쳐 번성했다. 페니키아인들은 마르세유, 카르타고, 카디스 등 여러 식민지를 건설했는데 힘의 요충지는 오늘날의 시리아와 레바논 해안에 해당하는 레반트였다. 목재 말고는 자연 자원이 부족했던 페니키아에서는 항해술과 조선업, 무역이 매우 발달해 상업에서 성공을 거두었다.

페니키아인은 활동 경로를 지중해에서 그보다 더 먼 육지까지 이어서 은과 비단, 상아, 뿔고둥 껍데기, 주석, 유리, 도자기를 그들의 매우 빠른 배로 실어 날랐다. 페니키아는 알파벳을 발명했다고 알려졌다. 기원전 1000년경 페니키아가 가나안 언어를 기록하기 1천 년 전쯤에 기본적인 사제 문자 체계priestly systems가 존재했다. 하지만 페니키아의 알파벳은 표음적 특징 덕에 새로운 단어를 쓰기가 수월했고 빠르게 전파될 수 있었다. 페니키아는 기원전 539년 페르시아의 키루스 2세에 의해 정복되었고, 기원전 4세기 알렉산드로스 대왕의 침입도 받았다(페니키아의 도시 시돈과 비블로스는 평화롭게 점령했으나 티레에서는 강렬한 저항으로 대학살이 벌어졌다).

/ Phoenicians

이크나톤

이집트의 파라오 아멘호테프 4세Amenhotep IV는 오랜 재위 기간 동안 국가를 번영시킨 아버지의 뒤를 이어 기원전 1353년에 즉위했다. 재위 3년째에 자신의 이름을 이크나톤으로 바꾸고 의인화anthropomorphic된 모든 신은 태양신 아톤Aton에 종속된다고 공포했다. 파라오는 살아 있는 신이었는데 더 나아가 그의 아내 네페르티티Nefertiti와 자식들을 포함한 왕족 전체를 신격화했다. 이크나톤은 이러한 종교적 변화를 촉진하기 위해 새로운 수도 아마르나Amarna를 건설하고 아톤 이외의 도상圖像을 전부 제거하는 한편 왕족이 양성적 특징을 갖추되 친숙하게 묘사된 작품을 만들라고 지시했다.

기원전 1340년 이크나톤은 갑작스러운 사망 이후 역사에서 지워졌다가 1714년에 아마르나가 재발견되면서 등장했다. 그가 죽은 후 4년의 공백기에는 아내 네페르티티가 홀로 나라를 다스렸고 유약한 아들 투탕카멘Tutankhamun이 파라오가 되었지만 사제들의 권위에 눌려 힘을 쓰지 못했다. 투탕카멘의 생애를 보여 주는 얼마 되지 않는 유물은 이크나톤에 대한 현대적 해석을 가능하게 한다.

고도로 양식화된 묘사가 돋보이는 이크나톤과 그 가족.

메소아메리카문명

메소아메리카는 멕시코와 중앙아메리카 지역 또는 그곳에서 발견된 문명을 가리키는 말이다. 올메카Olmeca 문화(기원전 약 1200~기원전 400년)는 광범위한 무역망, 달력, 핸드볼 놀이, 계단식 피라미드, 상형문자 등 그 지역의 특징으로 자리 잡은 다수의 풍습을 발전시켰다(옥수수 농사는 이미 1천 년이 넘었다). 그 후로 마야족은 도시국가들을 세우고 숫자 체계와 완전한 문자, 복잡한 종교를 발전시켰다. 마야문명은 9세기부터 (아마도 지속적인 가뭄으로) 남쪽 도시의 다수가 버려지면서 점점 쇠퇴했다.

마야족의 북부 도시는 계속 번영하는 한편 13세기경에 아스테카왕국(언어권이 마야인과 다르고 종교의식이 더 잔혹했다)이 멕시코 중부에 생겨났으나 에스파냐의 정복자들에 의해 멸망했다. 아스테카문명보다 더 넓게 퍼져 있던 마야문명은 에스파냐의 침략에도 살아남아 현재까지도 수백만 명이 마야 언어를 쓴다.

/ Mesoamerican civilizations

아시리아

바빌론과 히타이트 제국의 경계를 이루는 메소포타미아의 작은 제국 아시리아는 티글라트-필레세르 1세Tiglath-Pileser I 때 통합, 확장했고, 쇠퇴의 길로 접어들었다. 그 후 아슈르나시르팔 2세Ashurnasirpal II는 영토를 회복하며 니네베를 수도로 정했다. 한편 샬마네세르 3세Shalmaneser III는 유다로까지 세력을 확장하고 이스라엘 아합 왕과 싸웠다. 티글라트-필레세르 3세는 다마스쿠스와 가자를 점령하고 바빌론과 타협에 이르렀다.

아시리아인들은 정복지 주민들을 강제 이주시켰다. 권력을 쟁취한 장군 사르곤 2세Sargon II는 유다와 이집트 일부, 바빌론까지 정복해 포로와 공물을 취했다. 세습으로 왕위에 오른 에사르하돈Esarhaddon은 아나톨리아에서 싸웠고 이집트를 상대로 군사작전을 재개했다. 하지만 테베 점령 이후 제국이 지나치게 확장되어, 왕위를 이어받은 아슈르바니팔Assurbanipal은 내부 갈등과 바빌론의 반란에 직면했다. 바빌론의 네부카드네자르 2세가 메디아 공주와 결혼한 후 반反아시리아 동맹이 니네베를 점령하여 아시리아제국은 막을 내렸다.

철

기원전 약 1700년에 만든 것으로 보이는 대장간과 철기가 인도와 메소포타미아, 보츠와나에서 발견되었는데, 거기에는 운석의 순철이 사용되었다. 적철석赤鐵石의 정제 기술은 기원전 1300년경에 생겨났다. 철광석 정제는 매우 힘든 과정이었고 결과물인 금속의 질도 낮았다. 초창기 철보다는 오히려 청동이 더 단단했다. 그러나 괴철bloomery을 이용한 개선된 제철법은 정교한 기술이 필요하지 않았고 제빵이나 도예와 비슷했다. 결과물인 '선철pig-iron'을 내구성 강한 금속으로 만드는 과정에는 집중적인 망치질과 단조 작업이 필요했다. 산화를 피하는 가장 보편적인 기법은 숯을 넣은 폐쇄형 점토 가마에서 불순물과 산소를 빨아들이는 것이었다. 이렇게 재작업한 '연철wrought iron'은 주철cast iron보다 연성이 우수하다.

이 제철법이 알려진 후로는 철광석과 진흙, 나무, 가죽 풀무, 힘센 남자들만 있으면 어디에서나 철을 만들 수 있었다(신화와 역사에서 마을 대장장이는 흔히 군인 출신의 절름발이다). 철광석은 널리 퍼져 있어서 청동보다 이용하기 쉬웠다.

모래를 주재료로 사용하는 용선molten iron의 주조로 화살촉과

못의 대량생산이 가능해졌다. 군용 철기는 아시리아나 인도 중부의 사타바하나왕조, 그리고 훗날 중국의 한나라 같은 제국 건설에 중요한 역할을 했다. 철기가 중국에 전파된 시기는 춘추전국시대가 시작될 무렵이지만 번영을 누린 우나라 때에는 정교한 제련법이 발달했다. 서기 약 100년에 중국에서 철에 자석 성질이 있음을 발견했고 그로부터 800년 후에는 자성을 활용해 언제나 북쪽을 가리키는 숟가락 같은 나침반을 만들었다. 에스파냐나 스리랑카 같은 나라에서는 톨레도 검이나 사무라이 검 정도에 필요한 양의 철을 집중적으로 재가공하여 소량의 철을 만들었다. 강력한 합금을 만들려면 탄소 불순물을 정확하게 제어하는 것이 중요했다.

강철의 대량생산이 가능해지면서 세상에는 큰 변화가 일어났다. 증기와 대규모 공장 생산, 농업혁명을 일으킨 우수한 쟁기, 심지어 우주탐사까지 가능해졌다. 강철은 고층 건물 건설과 살균 가능한 수술 도구, 케이블과 정밀 부품을 가능하게 했다. 고급 식기에서 냉장고에 이르는 각종 가정 제품뿐만 아니라 고성능 엔진까지 제작이 가능해진 것이다.

로마공화정

로마 건국은 기원전 753년으로 거슬러 올라간다. 신화에 따르면 쌍둥이 형제 로물루스와 레무스가 건국했으며 그 무렵 군주제가 시작된 것이 확실하다. 당시 이탈리아 북부에서는 에트루리아 문화가 번영했다. 에트루리아는 비교적 작은 왕국이었는데 기원전 509년까지 존재했다. 그해에 폭군 타르퀴니우스가 쫓겨나고 (장군의 아내 루크레티아를 겁탈했단 이유로) 두 명의 원로원 의원 아래 로마공화정이 시작되었다.

로마 원로원은 특별히 민주적이지는 않았지만 비군주적 통치로, 그리스의 선례와 함께 계몽주의 시대에 큰 영향을 끼쳤다. 로마는 상비군인 레기온을 갖춘 막강한 군사력을 자랑했다. 그리스의 장군 피로스가 로마를 공격한 사건을 가리켜 '피로스의 승리(Pyrrhic victory, 패배로 끝난 상처뿐인 영광을 뜻함. 옮긴이)'라는 용어가 생겨나기도 했다. 반면 로마의 가장 큰 라이벌 카르타고는 포에니전쟁에서 로마에 완전히 참패했다. 율리우스 카이사르가 활약할 무렵, 로마는 지중해를 장악하고 이베리아반도에서 마케도니아에 이르는 지역을 다스렸으며 북아프리카도 점령했다.

현재는 폐허로 남아 있는 광장은 로마 공화국 시대에 시민 생활의 중심지였다.

불교

고타마 싯다르타Gautama Siddhartha는 인도 귀족이었지만 기록에 따르면 타인의 고통을 처음 목격하고 수도승이 되었다고 한다. 힌두교에서는 윤회가 각 생애의 행동에 좌우된다고 하는 반면(카르마karma) '붓다'('깨달은 자'라는 뜻)는 현세의 삶에서 끝없는 윤회의 고리를 끊고 열반(nirvana, 망각)에 이르러야 한다고 했다. 수도승이 된 싯다르타는 여행을 하면서 팔정도八正道의 가르침을 전했다. 다른 붓다들이 그 뒤를 따랐다. 열반에 들어가지 않고 중생을 인도하고자 애쓰는 보살도 그를 따랐다.

불교는 아시아에 서서히 퍼졌다. 불교에는 여러 신앙(힌두교 포함, 비록 불교는 사파비왕조의 정복 이후 탄생지인 인도에서 쇠퇴했지만)과 호환되는 유연한 특성이 있었다. 특히 불교를 받아들인 중국에서는 노자 사상, 도교 철학이 합쳐져 선종 불교Zen Buddhism가 탄생했다. 오늘날 세계적으로 수많은 사람이 선종 불교를 수행하고 있다.

테르모필레의 전투

페르시아의 왕 다리우스는 그리스를 정복하려고 했지만 기원전 490년 마라톤전투에서 패배했다. 10년 후 아들 크세르크세스 1세는 대규모 군대를 준비했다(그리스의 역사학자 헤로도토스는 수백만 명이라고 했지만 실제로는 최소 10만 명 정도).

스파르타의 왕 레오니다스(그림)가 지휘하는 스파르타 정예군 300명을 포함해 약 7,000명으로 구성된 그리스 연합군은 테르모필레 협곡으로 파견됐다. 그곳은 전략상 페르시아군이 꼭 지나쳐야 했다. 연합군은 좁은 골짜기를 활용해 페르시아 군대에 막대한 사상자를 냈다(크세르크세스의 호위무사 부대 '이모탈'과 그의 두 형제 포함). 그러나 사흘째 되는 날 밀고자의 배신으로 기습 공격을 당했다. 크세르크세스는 생존자들을 무자비하게 다뤘다. 스파르타 군대가 용맹하게 싸웠다는 소식이 전해지자 그리스의 저항도 거세졌다. 페르시아는 그리스의 대부분을 점령했으나 살라미스해전에서 그리스군에 패했다(크세르크세스의 빈약한 전략이 주원인이었다). 한 세대가 지난 후 스파르타는 아테네와 벌인 펠로폰네소스전쟁에서 페르시아와 동맹을 맺는다.

/ Thermopylae

춘추전국시대

중국에서는 도시국가들이 치열하게 충돌한 '춘추시대'를 거치며 더 커진 국가들이 권력을 다투다가 통일로 이어진다. 기원전 475년에 이르러 중국에는 큰 국가 6개국과 그 주변을 둘러싼 규모는 작지만 자원은 더 풍부한 국가들이 있었다. 진나라는 남서쪽 맨 끝에서 가장 늦게 등장했지만 이 '이방인들'은 기원전 220년부터 잠시 동안 중국의 지배자가 되었다.

이 시기, 손자는 『손자병법』을 썼고, 전차가 기병과 철검, 화살로 대체되었다. 기원전 453년에는 한나라와 조나라, 위나라가 진양 전투에서 지왕조를 정복하고 진나라를 세 나라로 분열시켰다. 한 세기 후 위나라의 군주 상앙이 진나라의 재상이 되어 유교 철학이 가미된 강력한 법률로 나라를 정비한다. 그러나 엄격하게 훈련된 군대는 결국 그의 적이 되었다. 기원전 269~기원전 230년에 진나라는 무력과 공급망을 갖춰 첫 번째 황제 진시황이 중국을 다스리게 되었다. 그가 기원전 210년에 세상을 떠난 후 한나라가 뒤를 이었다.

/ Warring States Era

노자

『도덕경』은 기원전 6세기(불교, 유교, 조로아스터교, 「라마야나」 모두 이 시기에 등장했다)의 종교적, 철학적, 문학적 발달의 한 결과물로서, 영향력이 매우 큰 작품이다. 『도덕경』은 한 사람이 쓴 것일 수도 있고 전체적인 사상일 수도 있지만 일반적으로 노자('나이 든 현자'라는 뜻)가 지었다고 알려져 있다.

도교는 우주를 영구적인 상태가 아니라 순환 과정으로 해석하고 엄격한 구별을 피하려고 한다. 양극성(남녀, 강약, 명암, 음양)은 성향이지 절대적인 것이 아니라고 믿는다. 도(길, 흐름)에 가까워지는 것은 행동이 아니라 존재적인 것이다. 한나라 멸망(서기 약 220년) 후, 중국에 불교가 전해지고 도교의 영향을 받아 선불교가 발달했다. 도교는 본질적인 에너지, 기의 흐름을 중요시해서 침술, 풍수지리, 태극권 같은 관습의 근간을 이룬다. 하지만 태극권 같은 무술에 대한 잘못된 해석으로 서구인들은 19세기에 일어난 의화단운동을 'Boxer Rebellion'이라고 이름 붙였다.

플라톤과 아리스토텔레스

아테네의 위대한 두 철학자는 서로 다른 접근법을 발달시켰다. 훗날의 유럽 사상은 이 두 기둥에 토대를 두고 있다. 플라톤은 여러 대화를 글로 썼다. 대개는 스승 소크라테스와의 가상 대화인데 제자(그 자신)로 하여금 논리적 추론을 통해 진실을 추리하도록 이끈다. 즉 소크라테스식 대화법이다. 플라톤의 유명한 저술 『국가』는 이상적인 국가의 본질을 이야기한다. 플라톤은 아카데미를 세워 로마가 아테네를 정복하기 전까지 사상가들을 교육했다. 플라톤이 죽은 뒤 아리스토텔레스는 아카데미를 떠나 자연 연구에 몰입했다. 광범위한 저술 활동을 하고 알렉산드로스 대왕을 가르쳤으며 추론에 관한 플라톤의 사상을 발전시켰다. 그는 인식 가능하고 체계적인 자연 질서의 패턴, 즉 과학의 토대를 제시한다. 그의 저술은 대부분 남아 있지 않지만, 중세 신학자들은 그의 이성적인 탐구를 인정하지 않으면서도 그의 사상은 의심 없이 받아들였다.

/ Plato and Aristotle

아리스토텔레스의 모습이 담긴 라파엘의 프레스코화
〈아테네 학당The School of Athens〉.

유교와 관료주의 국가

공부자(또는 '공자')는 기원전 551~기원전 479년에 노나라(오늘날의 산둥성)에서 살았다. 불교에서는 현세가 진실을 방해한다고 보는 반면, 도교에서는 현세의 행동과 우주를 연결하려고 했고, 유교는 훌륭한 행동과 사회적 화합이 정신적 의식observance과 유사하며 그 자체로 끝난다고 보았다. 공자는 사회가 혼란스러운 시대에 살아서, 신의 보호에 의지하기보다는 상호 협력이 하늘의 뜻이라고 믿었고 그에 따라 가족 단위를 강조했다. 소요학파적인 가르침, 존경과 면밀한 관찰을 강조했다는 점에서 아리스토텔레스와 비슷했다. 나중에 그는 아리스토텔레스처럼 추종자들의 독단주의를 경계하는 방법론을 옹호했다. 한나라 때 그의 『논어』는 사회이동을 막고, 몇 십 년을 들여 관리를 교육하는 학문 체계로 작동했다. 거대한 제국은 항상성에 많은 노력을 기울여 군인보다 관리가 더 많았다. 일각에서는 중국이 2,000년 동안 유교 사상으로 나라를 지배하지 않았다면 마오쩌둥이 그렇게 신속하게 통제권을 쥐지 못했을 것이라고 주장한다.

/ Confucianism and the bureaucratic state

알렉산드로스 대왕

마케도니아 필리포스 2세의 아들 알렉산드로스는 스승 아리스토텔레스로부터 큰 영향을 받았다. 기원전 336년 왕위에 오른 후 정벌을 통해 헬레니즘 사상을 전파하고 그 영향력을 확산시켰다. 그는 멀리 인도까지 진출하고 고대이집트 왕국을 정복한 후에는 제국의 중심지로 '알렉산드리아'를 건설했다. 그는 카리스마 넘치는 정복자의 전형이 되었고 전설을 만들었으며 훗날 로드 바이런과 나폴레옹, 존 F. 케네디 등 수많은 이들의 우상이 되었다. 그리스어는 학습을 위한 공통어가 되었고 이는 로마 시대까지 이어졌다. 알렉산드로스가 이미 모든 것을 다 정복해서 더 이상 정복할 땅이 없어 울었다는 이야기는 잘못 알려진 것이다. 그는 아라비아 사막 원정을 준비하다가 갑작스럽게 죽었다.

그의 죽음 (독살설도 있으나 병사 가능성이 더 높다) 직후에 제국은 분할되었다. 하지만 뒤를 이은 작은 국가들은 더욱 안정적이었다. 이집트의 프톨레마이오스왕조는 율리우스 카이사르 때까지 지속되었고 서아시아의 셀레우코스왕조는 그보다 더 오래갔다.

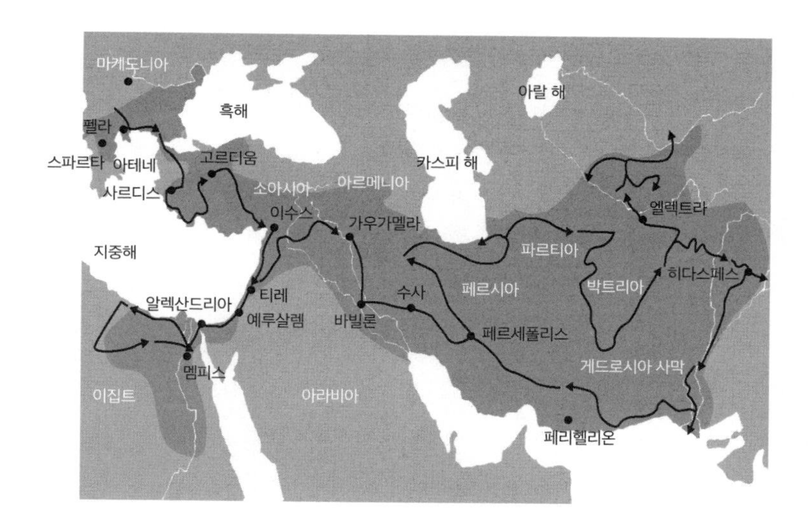

기원전 336~기원전 323년에 걸친 알렉산드로스 대왕의 군사행동을 나타낸 지도. 짙은 색으로 표시된 부분이 그의 제국이다.

아소카

찬드라굽타 마우리아Chandragupta Maurya는 알렉산드로스 대왕의 병사들이 침략을 거부했던 난다왕국을 확장함으로써 인도의 대부분을 통일했다. 마우리아의 아들은 영토를 더 확장했고, 마우리아의 손자 아소카는 페르시아에서 벵골까지 아대륙亞大陸에 걸친 제국을 다스렸다. 매우 이례적인 일은 칼링가 왕국을 민주적으로 대한 것이다. 칼링가 왕국 정복전에서 아소카는 피비린내 나는 전쟁으로 정복한 것을 뉘우치고 불자가 되었다. 당시는 힌두교가 주요 종교였고 불교는 비교적 신흥 종교에 속했다. 아소카가 불교를 장려한 것은 훗날 콘스탄티누스 황제가 기독교를 장려한 것만큼이나 중대한 일이었다.

아소카는 큰 사랑을 받는 통치자가 되었다. 살생을 금하고 (소를 보호해야 한다는 규정을 세웠다) 나무를 심었다. 백성에게 지시하는 글을 담은 돌기둥을 세웠는데 훗날 고고학자들에게 요긴한 자료가 되었다. 제국은 오래가지 못했다. 인도는 4세기에서 6세기에 굽타제국에 의해 통일될 뻔했지만 무굴제국이 등장하기 전까지 분열된 채로 남았다.

/ Ashoka

아소카는 부처의 생애와 왕족 방문을 기념해 전국에 이와 같은 기념비를 세웠다.

카르타고와 포에니전쟁

로마 공화국이 초기에 권력을 두고 다툼을 벌인 최고의 맞수는 카르타고였다. 카르타고는 현재의 튀니지에 위치한 부유한 항구도시였다. 로마와 카르타고는 지중해 패권을 둘러싸고 전쟁을 벌였다. '카르타고는 파괴되어야만 한다Cartago Delenda Est'는 구호는 로마의 모든 도시에서 들을 수 있는 외침이었다. 둘의 경쟁은 디도와 아이네이아스 이야기로 신화에까지 나온다.

카르타고 해군이 더 강했지만 로마는 그들의 설계도를 훔쳤고, 육전에서는 대부분 로마가 승리했다. 포에니전쟁은 한 세기 이상 계속되었다(기원전 264~기원전 146, 도중에 중단되기도 했다). 2차 포에니전쟁 때는 카르타고의 한니발 바르카 장군이 전쟁용 코끼리로 무장하고 가문의 거점인 에스파냐 남부에서 알프스 산맥을 거쳐 이탈리아 북부로 갔다. 그는 이탈리아에 15년 동안 머무르며 여러 도시를 점령했지만 로마를 함락하지는 못했다. 3차 포에니전쟁은 단순한 포위 작전에 불과했고 로마는 카르타고를 완전히 격파했다(전략적으로 유용한 항구여서 나중에 재건설한다).

/ Carthage and the Punic Wars

켈트족

켈트족은 부족 문화 공동체를 이루고 정치가 아니라 언어와 전통으로 결속해 기원전 마지막 1천 년간 전성기를 누렸다. 다신교를 믿고 호전적이었던 켈트족은 중유럽에서 출현한 것으로 보이며 가장 멀리까지 영토를 확장했을 때는 프랑스와 에스파냐, 영국에까지 이르렀다(스톤헨지는 켈트족 사제 계급인 드루이드가 등장하기 2천 년도 더 전에 지어졌다. 로마의 역사학자들은 잘못 알고 있는 것이 많았다).

로마제국의 확장은 다수를 동화시켰다(율리우스 카이사르와 싸운 갈리아인은 켈트족이었고 이내 로마 문화를 흡수했다. 카이사르는 그들이 파란색 염료를 칠하고 전투에 나왔다는 기록을 남겼다). 게르만족의 확장으로 그들의 영토는 더욱 줄어들어서 로마제국이 쇠락할 당시 켈트족은 브르타뉴(프랑스 북서부)와 영국제도에만 남아 있었다. 하지만 켈트족이 남긴 문화적 유산은 1066년과 그 후 노르만족이 침략했을 때 거대한 저항으로 나타났다. 웨일스, 아일랜드, 콘월, 스코틀랜드는 켈트족의 유전자는 없다고 해도 적어도 그들의 정체성은 보존하고 있다.

만리장성

중국 북부에는 비옥한 경작지를 유목 민족으로부터 지키고 문명의 경계를 상징적으로 표시하기 위해 천 년에 걸쳐 여러 곳에 장벽을 세웠다. 최초의 황제 진시황은 전국시대 이후 북방의 장성을 하나로 연결하라고 지시했고 몽염 장군이 기원전 215년에 황허 강에 방어 시설을 건설하기 시작했다.

원래 만리장성은 단단히 다진 흙으로 만들었는데 14세기에 명나라가 수천 킬로미터에 이르는 일부분을 최소 한 층 높이 되게 벽돌 또는 돌로 견고하게 다시 지었다(쿠빌라이 칸이 이끄는 몽골족이 세운 원나라 다음에 들어선 명나라는 몽골의 재침입을 두려워할 수밖에 없었다). 20세기까지도 만리장성은 국경선으로서 중요한 구실을 했다. 1931년 만주를 침략한 일본이 2년간 전쟁을 계속하면서 만리장성의 방어 시설을 파괴하는 데 성공했지만 거기에서 멈췄다. 장제스는 만리장성을 휴전선으로 하는 탕구唐沽 휴전협정에 서명했고 일본은 중일전쟁 내내 만주를 지배했다.

/ Great Wall of China

율리우스 카이사르

뛰어난 군사전략가이자 정치가였던 가이우스 율리우스 카이사르가 정치에 첫발을 디딘 것은 포에니전쟁 이후 로마의 첫 독재자였던 술라에 대항하는 내전으로 숙부를 잃은 후였다. 로마에서 도망쳐 군대에 합류한 카이사르는 술라가 죽자 로마로 돌아가 호민관이 되었다. 정치가로 승승장구하다 기원전 59년에 폼페이우스, 크라수스와 함께 제1차 삼두정치의 호민관이 되었다. 그는 곧바로 갈리아를 정복해 총독으로 부임한 뒤 (기원전 55년에 영국 원정대를 조직한다) 군대를 이끌고 루비콘 강을 건너 로마로 귀환한다. 크라수스는 이미 파르티아에서 패배한 상태였다. 한편 폼페이우스는 알렉산드리아로 도망쳤는데 이는 이집트의 몰락을 초래했다.

카이사르는 독재자가 되었고 곧 종신 독재관으로 선출되었다. 점점 커지는 그의 권력에 위협을 느낀 정적들이 그를 원로원 회의장에서 암살했다. 그 결과 내전이 일어났지만 역설적이게도 그의 후계자 옥타비아누스가 황제가 되었고 '카이사르'라는 이름은 수세기 동안 황제를 뜻하게 되었다.

/ Julius Caesar

이집트의 몰락

마케도니아가 해체되는 과정에서 알렉산드로스 대왕의 부하인 프톨레마이오스 장군은 이집트에 새로운 왕조를 세웠다. 그는 셀레우코스와 대립했지만 내부 화합을 이뤘다. 프톨레마이오스왕조는 현지 문화를 장려했다. 로제타석은 프톨레마이오스 5세의 대관식을 기념해 만들었다. 로마는 언제나 풍요로운 땅 이집트를 탐냈다. 폼페이우스는 율리우스 카이사르에게 밀리자 이집트로 도망쳤다. 이집트의 클레오파트라 7세는 남동생 프톨레마이오스 13세에 맞서 내란을 일으켰고 구금되었다. 프톨레마이오스 13세는 카이사르의 환심을 사려고 폼페이우스를 암살했다. 카이사르는 클레오파트라를 지지했다. 클레오파트라는 카이사르에 이어 안토니우스 장군과도 연인이 되었다. 그는 카이사르가 죽자 이집트로 와서 아우구스투스(옥타비아누스)가 함대를 이끌고 올 때까지 이집트의 독립을 유지했다. 이집트군은 악티움 해전(기원전 31년)에서 무너졌고 안토니우스와 클레오파트라는 자살했다. 이집트는 학문의 중심지 알렉산드리아를 중심으로 번영을 누렸다.

로마의 평화

이집트의 몰락 이후 카이사르의 후계자 옥타비아누스의 칭호가 아우구스투스 황제로 바뀌고 로마공화정은 로마제국이 되었다. 새 시대의 첫 두 세기 동안 로마는 유례없는 평화와 통합의 시대를 누렸다. 브리튼에서 유대까지 영토를 확장한 로마제국은 노예에 의존하기는 했지만 다문화를 인정했으며 새로운 속국들의 동화를 장려했는데 이런 점이 성공 요인에서 큰 부분을 차지했다. 로마 시민은 어디 출신이건 어디로 보내지건 상관없이 시민이었다. 거의 모든 신앙을 수용할 정도로 종교에서도 융통성이 있었다(일신교 유대교와 초기 기독교 제외). 동쪽의 사산왕조가 유일한 맞수였는데, 두 세력은 대립하면서도 무역 관계는 유지했다. 3세기에 게르만족이 국경(라인 강)에서 밀려들기 시작했지만 293년 디오클레티아누스 황제가 로마제국을 동서로 나눠 분할 통치할 때도 로마는 여전히 강했다. 콘스탄티누스가 일시적으로 되돌리기는 했지만 서로마의 절반은 알라리크와 훈족 아틸라에게 넘어갔다. 동로마 비잔티움은 콘스탄티노플 함락 전까지 지속되었다.

/ The Pax Romana

악숨제국

에티오피아는 토양이 비옥하고 무역에 이상적인 홍해에 접해 있는 풍요로운 땅이었다. 초기의 드므트 왕국D'mt kingdom은 기원전 500년경에 작은 도시국가들로 분할되었지만 에티오피아 북부 악숨에 위치한 제국이 나중에 그 지역을 다시 통일했다. 악숨제국은 무역을 다각적으로 발전시키고 지금의 예멘, 이집트 일부, 지부티가 포함된 지역을 다스렸다. 서기 100년에서 500년 사이에 막강한 힘을 지녔고 미네랄과 상아, 향신료를 주로 수출했다.

일부 학자들은 그리스어와 셈족 언어, 주조 동전을 상업적으로 사용한 사실로 미루어 악숨이 다른 강대국의 전초 기지였을 것이라고 추측한다. 하지만 문자 기록과 우뚝 솟은 석주를 포함한 건축물이 그런 추측(전설에서는 계약의 궤, 시바 여왕과 연결된다)을 반박한다. 300년부터 세력 기반이 남쪽에서 나일 강 합류 지점으로 옮겨 갔다. 에자나 왕은 330년 이후 콥트 기독교를 국교로 지정했는데 미지의 기독교 국가의 이야기는 훗날 유럽 탐험가들을 고무했다. 초기 이슬람교 난민들은 이곳에서 안식처를 찾았다.

/ Aksumite empire

콘스탄티누스

서기 272년에 태어난 콘스탄티누스는 미천한 신분에서 통일 로마제국의 마지막 통치자 중 한 명이 된 인물이다. 그가 큰 영향을 받은 어머니 헬레나는 첩이었다고 하는데 최초의 기독교 성지순례를 했다는 사실 외에는 거의 알려진 바가 없다. 콘스탄티누스가 왕위에 올랐을 때 로마제국은 이미 동서로 분리되었는데 제국의 수도를 비잔티움(콘스탄티노플로 개명)으로 정한 덕분에 1453년 함락 전까지 로마의 지배 형태가 이어질 수 있었다. 강인한 장군이었던 콘스탄티누스는 게르만족이 차지한 로마 영토를 회복했지만 사산왕조를 공격하기 전인 337년에 세상을 떠났다.

자신의 갑작스러운 성공이 기독교 덕분이라고 여긴 콘스탄티누스는 기독교를 종교로 공인하고 교회 회의를 여러 번 열었다. 니케아 공의회에서 만들어진 신조는 기독교 신앙에 대한 공인된 해석으로 남아 있다〔p. 116〕. 삼위일체를 부인하는 아리우스파는 니케아 공의회에서 공식적으로 부인되었지만 서고트를 비롯한 여러 게르만족은 아리우스주의를 채택했다.

/ Constantine

사산왕조

페르시아는 알렉산드로스 대왕에 격파당한 후 파르티아의 지원으로 재단결해 4세기 동안 로마, 아라비아 세력에 저항했다. 아르다시르 1세가 세운 사산왕조는 전성기에 아프가니스탄, 알렉산드리아, 카파도키아, 알바니아까지 통합했다. 사산왕조는 인도양과 실크로드를 국경선에 포함시키고 로마제국과 대립각을 세웠다. 서기 253년에 사산왕조 군대가 안티오크를 점령하자 로마제국이 반격했지만 로마의 발레리아누스 황제가 포로로 잡혀 사망했다.

로마제국의 세력 중심이 동쪽의 비잔티움으로 옮겨가면서 상호 적대감이 커졌다. 그럼에도 중국에서 밀려난 유목민 훈족이 서쪽으로 집결하자 로마와 페르세폴리스는 387년에 조약을 맺었다. 그러나 7세기에 헤라클리우스 황제의 공격으로 사산왕조의 군대와 국고가 대폭 감소했다. 거기에 샤와 인구 절반이 목숨을 잃은 전염병과 내부 권력 투쟁으로 혼란스럽던 사산왕조는 636년에 아라비아 이슬람 세력에 정복당했다.

현재 이란의 메이보드에 남아 있는 흙벽돌로 만든 나레인 성Narin Qal'eh.

아비시니아

악숨제국은 아라비아까지 세력을 확장했지만 이슬람이 등장한 6세기 이후 쇠퇴했다. 농업 수확량 감소, 군대의 지나친 확장, 사산왕조의 이집트 정복 등으로 인해 나라가 약해져서 10세기경에는 거의 원래의 국경선으로 돌아갔다. 유대 여왕 구디트Gudit가 악숨제국을 멸망시켰다. 악숨제국 북부를 손에 넣은 자그웨왕조가 아비시니아를 세우고 1270년까지 다스렸다. 이때부터 아비시니아를 장악한 솔로몬왕조는 여러 왕국(일부는 현재 이슬람)을 통합하려 했으나 늘 성공한 것은 아니었다.

1490년 포르투갈 탐험가들이 찾아오고 선교사들도 뒤따랐다. 1529년 그곳 이슬람교도를 위해 오스만제국이 침입했지만 포르투갈의 도움으로 1543년 와이나다가Wayna Daga 전투에서 승리했다. 1769년 내전이 일어났고, 1855년 테워드로스 2세Tewodros II가 재통일했다. 그와 그 후대 황제들은 지역 안정화와 근대화를 추구해 이탈리아의 식민지화에 저항했다. 1974년 공산주의자들이 하일레 셀라시에Haile Selassie 황제를 타도하면서 솔로몬왕조는 막을 내렸다.

/ Abyssinian empire

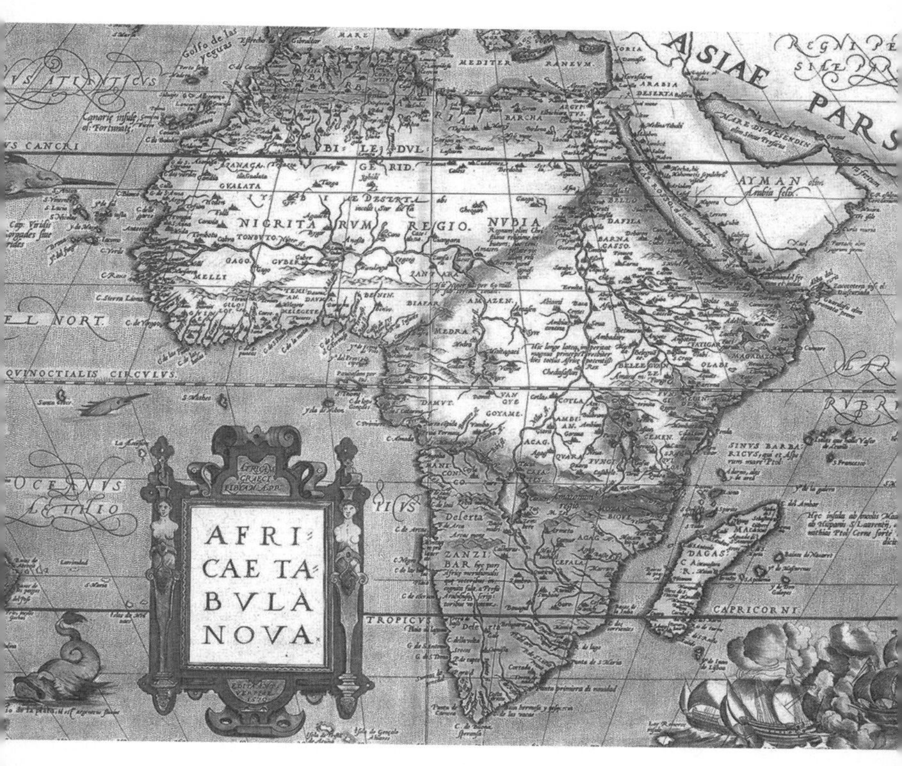

르네상스 시대의 지도. 아비시니아제국의 세력이 유럽에 도달할 거라는 소문은 중세 시대에 프레스터 존Prester John이라는 군주가 다스리는 기독교 국가가 있다는 전설을 만들었다.

알라리크

로마제국을 위협한 수많은 게르만족 중 하나인 서고트족은 서기 408년에 제국 본래의 심장부인 로마에 침투했다. 당시 로마는 공식 수도가 아니었다. 디오클레티아누스 황제가 로마제국을 동서로 분리하면서 수도를 옮겼기 때문이다. 서고트의 왕 알라리크 1세는 예전에는 로마에 협조했고 로마군 병사로 복무하기도 했다. 그는 서기 408년에 로마를 포위했지만 큰돈을 받고 물러났다. 그리고 410년에 다시 로마를 점령했다. 도시를 많이 파괴하지는 않았지만 귀중품을 약탈하고 야만인 노예들을 전부 풀어 주었다. 그해에 알라리크는 병사했다.

제국의 이탈리아 방어가 일으킨 역효과 중 하나는 국경의 병력을 철수해 라인 강을 비롯한 경계 지역을 버렸다는 것이었다. 제국의 몰락은 콘스탄티노플이 함락당하기까지 서서히 진행되었다. 하지만 고트족, 반달족 등에 의한 로마 약탈로 서유럽이 붕괴하고 훈족 아틸라와 칭기즈칸, 색슨족, 바이킹, 프랑크, 노르만, 우마미야왕조 등이 토지를 점유하게 되었다.

/ Alaric

신도 神道

중국과 달리 일본은 비교적 늦게 문자를 얻었다. 최초의 기록은 서기 4세기나 5세기의 것으로, 그 이전 역사에 대한 정보는 제한적이다. 일본은 왕권 국가(야마토 정권)에 의해 4세기에 통일되었다(전통적으로 기원전 6세기라고 하지만 이즈음에 건국된 것으로 보인다). 일련의 군대 지도자들(쇼군)이 12세기까지 통치했고 그 후에는 봉건시대로 접어들었다.

일본의 토속신앙인 신도는 정령, 정령을 위한 의식, 신사를 중심으로 이루어진다. 국교로 만들려는 노력이 있기는 했지만 신도는 신앙이자 문화적 관습이고, 역사적으로 다른 종교(특히 불교)와 함께 조화롭게 발달했다. 대표적인 저작물인 8세기의 『고사기』와 『일본서기』는 기록 시대 이전의 일본 역사를 전한다고 알려져 있다. 이 기록물들은 창조 신화에서 시작해 지토 천황으로 끝나며, 그보다 더 오래된 과거의 구전신화를 포함한다.

/ Shinto

실크로드

인도와 중국, 유럽은 알렉산드로스 대왕의 동방 원정 전까지는 서로에 대해 잘 알지 못했다. 비단은 동방에서 로마로 전해졌지만 그 기원은 알려지지 않았다. 전국시대가 끝나고 품질 좋은 말이 절실했던 한족이 자신들의 가장 값진 자산을 국경 서쪽의 무역상들과 교환하면서 무역로 개척이 가속화되었다. 개별 원정대가 다른 쪽에서 가로질러 온 이들과 교역을 하기도 했다. 하지만 개인이 아시아를 완전히 가로지르는 여행을 하는 일은 드물었다. 특히 훈족의 약탈이 시작된 후로 여러 무리가 단결해서 말이나 낙타, 야크가 끄는 카라반으로 안전하게 이동했다.

'실크로드'는 19세기에 생겨난 말이지만 정확한 명칭은 아니다. 실제로 육로 세 곳과 해상로 여러 곳 등 출발지와 목적지가 여럿 있었다. 카라코람 산맥에서 힌두쿠시 산맥을 통해 메소포타미아까지, 또는 그곳에서 남쪽 경로를 택하는 카라반도 있었다. 황량한 타클라마칸 사막과 아프가니스탄을 빙 둘러 북쪽으로 가기도 했다. 갠지스 삼각주를 횡단해 오늘날의 방글라데시에 이르러 북쪽으로 방향을 바꾸는 경우도 있었다. 스리랑카 선원들은 북쪽 경로를 선택한 악숨제국과 교역했다. 콘스탄티노플은 중요한 관심 지역이었다. 그러나 아바스왕조의 칼리프는 당나라가 성장하자 무역로의 서쪽 끝을 장악하고자 했다.

북유럽에서 향신료는 사회적 지위는 물론 육류의 맛을 위하여 매우 중요했다. 약초는 의학적 용도에, 청금석은 성상 제작에 사용되었다. 대륙 사이에 정보가 흐르고 기술이 전해졌다. 아라비아 숫자와 나침반은 인도에서, 이슬람은 사산왕조를 통해 인도로 전파됐다. 불교와 아시리아 기독교가 중국에 유입되었다. 상인들의 이야기는 확인도 없이 유럽에 전해졌다. 기독교 황제 프레스터 존의 전설이나 존 맨더빌 경의 여행기는 수세기 동안 진지하게 받아들여졌다. 나중에 의심을 받기는 했지만 마르코 폴로의 이야기에도 서방 여행자들이 알려준 내용이 요약되어 있다.

명나라의 등장, 콘스탄티노플 함락, 유럽의 항해술 발달로 실크로드의 중요성은 1500년 이후 줄어들었고 그 지역(특히 사파비왕조와 무굴제국) 힘의 균형도 바뀌었다.

성 아우구스티누스

1세기에 유대인의 작은 숭배 집단이던 기독교 교회가 4세기에는 제국 전역으로 퍼져 나간 종교로 발전했다. 콘스탄티누스가 기독교를 로마제국의 국교로 정한 이래 가장 중요한 신학자는 아우구스티누스일 것이다. 그의 사상은 기독교 종교개혁과 그 이후까지 영향을 끼쳤다.

로마제국에 속하는 북아프리카에서 태어난 아우구스티누스는 자전적 내용이 담긴 『고백록』에 나오듯 한때 쾌락주의에 젖은 삶을 살았지만 나중에 독실한 기독교도로 개종했다. 평생 충동적인 욕망을 멀리하고자 노력한 그의 영향으로 기독교 교리에는 여성 혐오증이 자리하게 되었다. 인간은 죄를 가지고 태어났으므로 세례가 필요하다는 원죄에 대한 관심은 그의 사상에서 큰 부분을 차지했으며 성서 목록은 그의 지도에 따라 결정되었다. 그는 알라리크에 의해 로마가 함락된 뒤에 쓴 『하나님의 도성City of God』에서 세속적인 문제가 아니라 내세관을 강조하고 '정당한 전쟁just war' 이론(나중에 십자군 전쟁 등 수많은 전쟁을 정당화하는 데 사용된다)을 요약했다.

/ St. Augustine

훈족 아틸라

아틸라는 제국을 세우고 통치한 훈족의 왕이다. 출생 연도는 확실하지 않으나 그가 통치한 시기는 434~453년이다. 훈족의 초기 역사는 불분명한데 그들은 중국의 한왕조에 의해 몽골에서 쫓겨난 흉노족으로 보인다. 300년대에 훈족은 뛰어난 기마궁술을 갖춘 호전적인 유목민 부족으로 역사에 등장했다. 그들이 유럽을 침략하자 게르만족은 로마제국의 영토를 침략했다. 이에 동로마와 서로마는 모두 훈족에 공납을 하고 그들을 용병으로 고용하게 되었다.

야망이 컸던 아틸라는 형 블레다Bleda와 함께 비잔틴(동로마)제국을 침략했다. 황제는 치욕스러운 평화협정을 맺고 공납을 늘려야 했다. 아틸라는 그런 과정을 반복하면서 콘스탄티노플까지 장악할 뻔했지만 445년에 블레다가 죽은 뒤 서로마제국으로 눈을 돌려 오를레앙과 밀라노에 도달했다. 서로마제국의 황제는 교황 레오 1세를 보내 (알라리크의 서고트족과의 협상과는 달리) 협상을 성공시켰다. 하지만 그 후 아틸라는 갑작스럽게 사망했다.

이슬람교

상인 출신의 무함마드Muhammad는 이슬람교(유대교와 기독교에 뿌리를 둔 일신교)의 예언자이자 전쟁 지도자가 되었다. 그가 사망할 무렵 아라비아(성지 메카와 메디나를 포함)는 새로운 종교 이슬람교로 통합되었지만 분파주의가 내전을 초래했다. 시아파는 무함마드의 혈족만이 후계자가 될 수 있다면서 무함마드의 사위 알리(신비주의 수피즘을 일으킨다)와 손자 후세인을 지지했다. 한편 수니파는 칼리프('후계자')는 교리에 대한 지식을 갖추고 신앙의 본보기가 되는 공동의 지도자여야 한다는 입장을 펼쳤다. 우마이야 칼리프와 화해를 시도하던 후세인이 680년에 카르발라 전투에서 참수당했다. 그의 순교 이후 두 분파는 영원히 갈라서게 되었다. 내부 갈등 중에도 외부 정복은 계속되었다. 730년에 우마이야왕조는 이베리아에서 인도까지 세력을 뻗쳤다. 오늘날 이란은 시아파이지만 페르시아였을 때는 수니파의 근거지였다. 무굴제국과 오스만제국은 수니파였다. 사우드 왕가의 와하비 수니파는 1744년 이후 아라비아의 시아파를 억압했다.

/ Islam

안녹산의 난

이란계 소그드인의 피를 물려받은 안녹산은 당나라 황제 현종의 신임을 받는 장군이 되었다. 하지만 현종이 가장 총애한 첩 양귀비와 양귀비의 오빠(혹은 사촌)를 둘러싼 권력투쟁 중에 안녹산은 자신의 안전을 위해 반란을 선택했고 755년에 스스로 자신을 대연황제라 칭했다. 서쪽에 있는 낙양(뤄양)에 이어 수도 장안(시안)을 정복했다. 현종은 양귀비와 그녀의 사촌오빠를 숙청하겠다는 조건을 내 건 후에야 겨우 군대를 이끌고 터키 용병까지 가담시켜 반란군에 대항할 수 있었다.

안녹산은 7년에 걸친 반란이 2년째에 접어들었을 때 아들에게 살해당했지만 그의 반란은 몇 세대에 걸쳐 중국에 타격을 입혔다. 수백만 명이 사망했고 남쪽으로 피신한 사람도 많았다. 정확한 인명 피해는 알 수 없으나 당시 세계 인구의 6분의 1에 해당하는 3,600만 명이 생사 불명이었다. 세계적인 국가였던 당나라는 그 후 수세기 동안 국내 재정비에 골몰했다.

/ An Lushan Rebellion

아바스왕조

우마이야 칼리프는 아랍 이슬람의 힘을 넓혔지만 알아바스 혈통의 한 가문이 우마이야왕조 지배하에 있었던 시아파와 페르시아 경쟁자의 지지를 얻어 750년에 전면적인 공격에 돌입했다. 개종과 관련된 아랍 이슬람의 정책이 주요 갈등 원인이었는데 아바스왕조는 좀 더 관대한 편이었다. 그들은 바그다드와 바스라를 각각 새로운 권력의 근거지와 학문의 거점으로 정했다. 아바스왕조는 페르시아의 부와 문화를 좇아 수니파 쪽으로 기울었고 사산왕조의 법률을 수용했다. 또 아랍보다는 이슬람에 정체성의 기반을 두었다. 아부 알아바스 앗사파Abu al-Abbas as-Saffah 칼리프는 우즈베키스탄을 점령하고 중국 당나라와 대립했다. 콘스탄티노플(그곳을 점령하는 것이 예언을 이루는 것이라고 생각했다)과도 분쟁했다.

아바스왕조는 맘루크(백인 노예)에 지나치게 의존했는데 이 때문에 맘루크의 힘이 커지면서 몰락을 재촉했다. 1258년 몽골이 바그다드를 점령하면서 아바스왕조의 통치는 막을 내렸다. 하지만 카이로는 1517년까지 다스렸다.

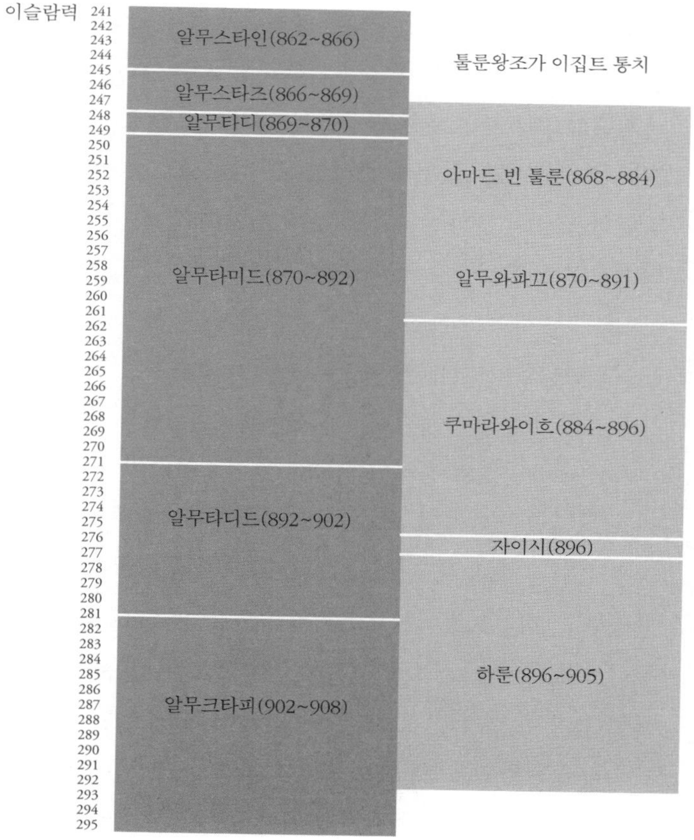

이슬람력 241 242 243 244 245 246 247 248 249 250 251 252 253 254 255 256 257 258 259 260 261 262 263 264 265 266 267 268 269 270 271 272 273 274 275 276 277 278 279 280 281 282 283 284 285 286 287 288 289 290 291 292 293 294 295

알무스타인(862~866)

알무스타즈(866~869)

알무타디(869~870)

알무타미드(870~892)

알무타디드(892~902)

알무크타피(902~908)

툴룬왕조가 이집트 통치

아마드 빈 툴룬(868~884)

알무와파끄(870~891)

쿠마라와이흐(884~896)

자이시(896)

하룬(896~905)

북아메리카 원주민

북아메리카 원주민의 문화는 메소아메리카나 잉카 문화보다 부족적 특징이 강해서 무수히 많은 언어가 존재했다. 흙무덤으로 유명한 미시시피 동부는 가장 지배적인 원주민 문화 중 하나였다. 서기 700년경부터 발달한 그들의 문화는 족장을 통한 신정정치, 강 유역에서의 안정적인 농업(남아메리카에서 들여온 옥수수는 콩, 호박과 함께 주요 농산물이었다)이라는 특징을 갖는다. 그들은 남동부와 중서부에 모여들었다. 위스콘신 주에서 발견된 메소아메리카의 흑요석은 대륙을 가로질러 교역을 했다는 사실을 증명한다.

가뭄과 유럽인의 정착이 아메리카 원주민들에게 해로운 영향을 끼쳤다. 모든 원주민 문화가 천연두 같은 유럽의 병과 새로운 정착민들과의 싸움으로 고통 받았다. 그레이트플레인스Great Plains에 거주하는 부족은 콩키스타도르Conquistador라고 불리는 에스파냐 정복자들과 싸웠다. 말이 들어와 원주민들은 자급 농업보다 들소 사냥에 치중하게 되었다. 그들은 동부의 농부들과 마찬가지로 미국의 팽창으로 땅을 잃었다.

/ Native Americans

카롤루스 대제

프랑크 부족은 작은 피핀Pepin the Short이라고 불린 왕의 지배 아래 로마제국의 과거 영토를 다수 되찾았다. 피핀은 그 영토를 교회에 기부하고 교황으로부터 왕위를 인정받았다. 그의 큰아들 카를은 768년에 왕국의 절반을 물려받았다. 3년 후 동생 카를로만이 갑작스럽게 세상을 뜨자 나머지 절반도 그의 차지가 되었다. 카를은 보헤미아와 작센, 에스파냐 북부와 롬바르디아까지 서유럽에서 영토를 늘려 나갔다. 법률과 상법을 통합하고 단위를 표준화했지만 가장 큰 관심사는 가톨릭교의 공포였다.

그 대가로 교황 레오 3세는 800년 크리스마스에 명예롭지만 권한은 없는 칭호인 신성로마제국 황제라는 칭호를 내렸다. 콘스탄티노플도 파벌 분쟁 해결과 하룬 알라시드에 대한 반격 문제로 카를에게 도움을 청했다. 그는 814년에 사망해 아헨Aachen에 묻혔다. 후대 통치자들은 그를 모방하거나 그와의 연결 고리를 찾으려고 했다. 프리드리히 1세가 그에게 카롤루스 대제라는 이름을 붙였다.

/ Charlemagne

색슨족

로마제국 이후 힘의 공백기에 게르만 부족 중 하나인 색슨족은 오늘날의 덴마크와 독일의 국경선 근처에 근거지를 두었다(엄밀히 말하면 이름대로 '작센'에 사는 부족이 아니었다). 그들은 바이킹과 마찬가지로 무역과 약탈에 구분이 없었다. 남쪽을 떠돌던 그들은 프랑크족과 부딪쳤고 결국 8세기 후반에 카롤루스 대제에 의해 개종되어 흡수된다. 그 전에는 브리튼 섬의 대부분을 통치했다(처음에는 용병으로 갔다).

서쪽으로 이주한 색슨족은 생각보다 많지 않았지만 무역 상인인 그들에게는 품질 좋은 상품과 유용한 언어가 있었다. 한 세기도 되지 않아 앵글족과 주트족은 미래의 인류학자들을 혼란스럽게 만들 정도로 브리튼 섬에 큰 영향을 끼쳤다. 군 지도자 사이에서 앵글로·색슨족의 혈통과 문화가 켈트족과 로마제국 시대의 브리튼인Romano-British과 섞였다. 결국 이 색슨족은 기독교로 개종했고 880년대에 바이킹의 침입에 직면해 웨섹스 왕국 앨프레드 대왕의 지도 아래 통합되었다.

/ Saxons

하룬 알라시드

'공평하다'는 뜻의 하룬은 786년 아바스왕조의 5대 칼리프가 되기도 전에 위임하는 법을 배웠으니, 그는 바르마크 가문Barmakids에 제국 일부의 통치를 맡겼다. 그의 부는 늘어났으나 직접적인 통제권은 줄어들었다. 하룬은 학문과 문화, 다른 제국과의 접촉에 힘을 쏟았다. 카롤루스 대제와 당나라에 사절을 보냈고 바그다드를 행정 중심지로 만들고 바이트 알히크마Bayt al-Hikma 도서관을 세웠다. 그가 카롤루스 대제에게 보낸 선물은 실로 굉장했는데 그중 기계식 시계는 마법을 연상하게 한다고 돌려보내졌다. 당나라로부터 제지법을 받아들여 페르시아의 문화를 외부로 널리 전함으로써 명성을 높였다. 또한 그는 역대 칼리프 중에서 콘스탄티노플 함락에 가장 가까이 다가갔다.

그가 세상을 떠난 후 아들 알아민al-Amin과 알마문al-Ma'Mun이 제국을 분할하고 전체 통치권을 두고 다투었다. 거기에 지역 통치 제도까지 합쳐져서 칼리프의 세력이 약화되자 하룬 시절이 제국의 전성기로 자리매김했다. 『천일야화』는 그런 인상을 더욱 강화했다.

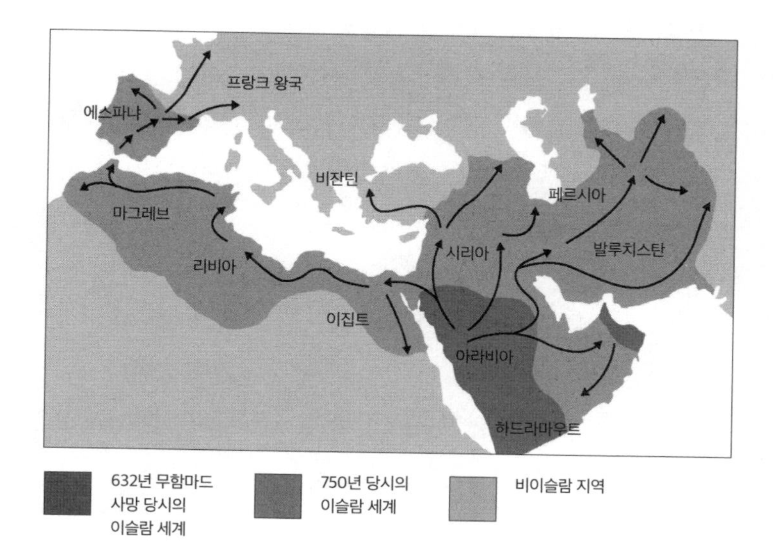
프랑크 왕국
에스파냐
비잔틴
마그레브
페르시아
시리아
리비아
발루치스탄
이집트
아라비아
하드라마우트
632년 무함마드 사망 당시의 이슬람 세계
750년 당시의 이슬람 세계
비이슬람 지역

바이킹과 루스

덴마크와 스칸디나비아에 사는 부족들은 라이벌들의 혼란을 틈타 새로운 약탈지를 찾고자 항해에 나섰다. 서쪽으로 간 이들은 '바이킹', 볼가 강을 따라 콘스탄티노플이 있는 동쪽으로 간 이들은 '루스'라고 불렸다. 두 이름 모두 뛰어난 선박 조종술을 보유하고 있음을 암시한다. 그들의 대형 선박은 방향 전환이 쉬웠고, 들고 옮길 수 있을 만큼 가벼웠다. 루스족은 노예와 은, 유리를 호박과 모피, 울로 교환했고 중간 기착지로 키예프Kiev를 세워 바그다드에서 비단을 들여왔다. 바이킹은 그린란드와 아이슬란드, 아메리카를 식민지로 삼고 색슨족이 사는 잉글랜드를 약탈하고 그곳에 정착했다.

이들이 영토를 확장해 나간 이유는 유럽에 가톨릭이 퍼지면서 자신들의 삶의 방식이 위태로워질 것이라는 두려움 때문이기도 했다. 룬 문자는 불경스럽다고 여겨졌으며 바이킹을 잉글랜드에서 몰아내기 위한 앨프레드 대왕의 군사작전에는 개종도 포함되었다. 900년 이후 약탈은 줄어들었지만 그들은 언어와 무덤, 체스(뿔 달린 투구는 제외)를 남겼다.

/ Vikings and Rus

공존

우마이야왕조 아랍인들은 초기에 이베리아까지 이어진 이슬람의 정복을 이끌었지만 카를 마르텔(카롤루스 대제의 조부)이 732년 투르 전투에서 그들의 확장을 막았다. 그러자 북아프리카의 개종자들이 에스파냐와 포르투갈에 아랍의 영향력을 끼쳤고 이는 마르세유와 팜플로나까지 퍼졌다. 안달루시아는 아바스왕조가 무너뜨린 우마이야왕조의 피난처였지만 그곳에서는 페르시아의 예술과 사상, 고대 그리스·로마 학문의 유물, 중국과 인도의 새로운 학문이 기독교 유럽 문화와 융화했다. 그곳 시민들의 공존에 아무 문제가 없었는지는 여전히 논란이 되고 있다.

톨레도와 세비야는 사상의 중심지가 되었다. 아랍의 수력 발전과 배관 기술, 세련된 그리스 연구가 대규모 관개시설과 건축을 가능하게 했다. 특유의 기계장치automata는 훗날 동화의 소재가 되었고 외과 수술은 유럽보다 몇 세기 앞섰다. 무어인의 학문이 조금씩 스며들어 13세기 유럽에서 작은 르네상스가 일어났지만 1492년 이후 유대인과 무어인은 페르난도 2세와 이사벨 1세에 의해 쫓겨났다.

/ La Convivencia

린디스판 복음서

훗날 잉글랜드로 통합되는 왕국들은 서서히 기독교를 택하게 된다. 스코틀랜드 국경의 노섬브리아Northumbria에는 수도원이 많았다. 특히 성 커스버트St. Cuthbert의 유해가 있던 린디스판 수도원은 순례지로서의 위상이 높았다. 글을 모르는 신자들을 위한 훌륭한 성화가 많이 있었다. 특히 『린디스판 복음서』는 바이킹의 침입과 1536년의 종교개혁에도 무사히 남았다.

8세기 초에 이드프리스Eadfrith 주교가 베껴 쓴 것으로 보이며 삽화와 장식에 게르만, 그리스정교, 켈트족, 아랍의 영향이 드러난다. 상감 기법이 이용된 청금석, 인디고 염료, 금은 히말라야 산맥, 북아프리카와 교역한 사실을 보여 준다. 일부 페이지에는 꼼꼼한 점묘 기법을 이용한 납세공이 있어 종교적 헌신 외에도 실제로 읽을 목적으로 만들었음을 알 수 있다. 장식을 가까이에서 보면 동양의 만다라와 유사하다. 약 2세기 후 알드레드Aldred 주교가 속용 문자로 된 용어 해설을 추가해 복음서를 영어로 번역한 최초의 작품이 되었다.

/ Lindisfarne Gospels

열두 이맘파

이슬람이 다수 수니파와 시아파로 갈라진 후 분파가 발전했다. 시아파에서 가장 영향력 있는 종파는 열두 이맘파로 그들은 무함마드의 혈통으로 이루어진 열두 이맘(신성한 지도자)이 존재한다고 믿는다. 11대 이맘, 하산 이븐 알리는 874년에 사망했다. 열두 이맘파는 그의 어린 아들인 무함마드 이븐 하산이 무형의 순수한 영혼으로 은신해 있으며 심판의 날에 마흐디(구세주)로 현신할 것이라고 믿는다. 반면 수니파는 마흐디는 없으며 영원히 오지 않을 것이라고 믿는다.

모든 시아파가 인정한 것은 아니나, 열두 이맘파는 매우 강력한 힘을 발휘했다. 페르시아의 사파비왕조는 열두 이맘파를 받아들여 현대 이란의 아야톨라(ayatollah, 시아파에서 고위 성직자에서 수여하는 칭호. 옮긴이)라는 역사적 유산을 만들었다. 시아파 국가들은 수니파 국가들보다 영향력 있는 성직자들이 많아 종교 지도자들이 나라를 통치한다. 인도에서는 페르시아의 영향을 받아 열두 이맘파가 무굴제국의 압박에도 중요한 소수 종파로 자리 잡았다. 마흐디를 자처한 사람이 1881~1885년에 수단을 통치하기도 했다.

/ Twelver Shi'ism

노르만족

바이킹의 지도자 롤로Rollo는 프랑크왕국의 일부인 프랑스 북부를 정복하고 카롤링거왕조와의 협상 후 911년에 반半자치국 노르망디공국을 세웠다. 노르망디공국은 머지않아 강대국으로 성장했다. 노르만족은 뛰어난 항해술을 보유했다. 노르만족의 한 집단이 이탈리아 남부를 정복해 시칠리아왕국을 세운 뒤 콘스탄티노플을 포위하고 지중해 패권을 두고 경쟁했다. 신성로마제국의 하인리히 6세는 시칠리아왕국의 공주와 결혼했고 1194년에 시칠리아왕국을 흡수했다.

노르만 공작들도 잉글랜드의 색슨족 왕가와 결혼해 서출이었던 윌리엄William the Bastard에게도 왕위 계승권이 주어진다. 윌리엄의 군대가 역시 왕위 계승권자이자 색슨족의 마지막 왕인 고드윈의 아들 해럴드Harold Godwinson를 1066년에 무찔러 그는 정복왕 윌리엄으로 불리게 되었다. 노르망디 공국의 귀족들은 잉글랜드의 귀족이 되었고 잉글랜드 왕들은 수세기 동안 노르망디공국의 자산을 유지했다. 그들의 생생한 기억이 훗날 백년전쟁이 일어나는 원인이 된다.

분열

기독교는 초기 1천 년 동안 내부 갈등을 겪었다. 예수 역시 하느님의 피조물이라고 믿는 아리우스파 같은 이단이 심각한 분쟁을 일으켰다. 기독교는 1054년 로마가톨릭교와 동방정교회로 분열되기 전까진 이론적으로 통일돼 있었으나 로마제국 분리는 종교 분열로 이어졌고 이론적 합의는 9세기에 실패로 끝났다. 1053년 동로마 수도인 콘스탄티노플의 케룰라리우스Michael Cerularius 대주교는

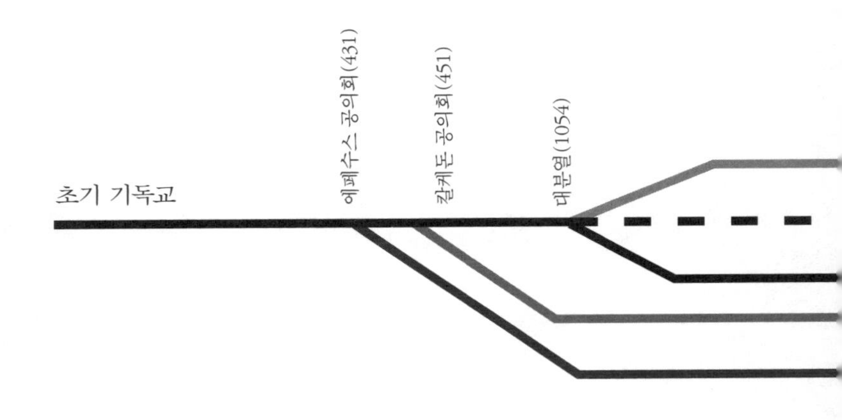

자신의 관할구 내 라틴(가톨릭) 교회의 폐쇄를 지시했다. 교황 레오 9세는 외교 사절과 서신을 보내 로마 관할구의 권한을 선언했다. 이는 콘스탄티누스가 교황에게 로마 영토를 모두 넘겨준다는 가짜 문서 '콘스탄티누스의 증여 문서'에 일부 근거를 두었다. 케룰라리우스는 교황의 주장을 무시했고 양쪽은 서로를 파문했다. 형식적 화해는 있었지만 무너진 기독교의 통일은 십자군 이전까지는 불가능했다.

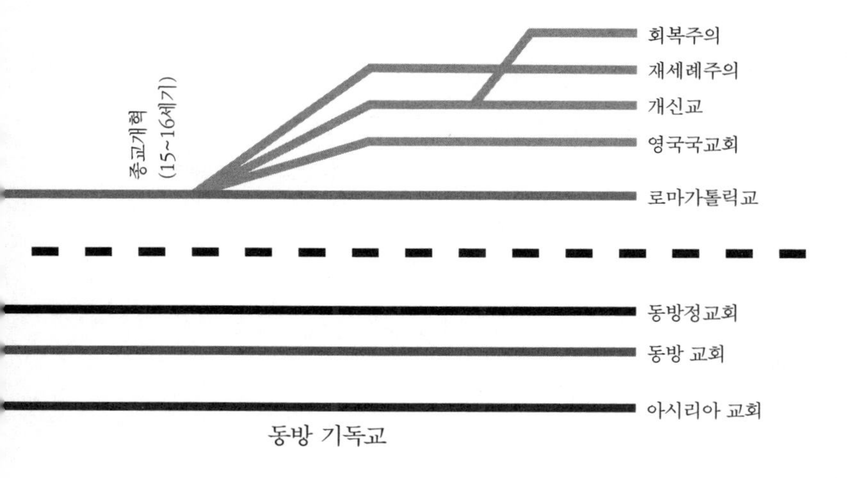

잉카제국

서기 첫 천 년 동안 남아메리카 서쪽에 모체, 와리, 티와나쿠 등 여러 문화가 생겨났다(라마로 짐을 나르고 울을 얻었으며 넓은 도로가 있었다). 각 문화는 기후 탓으로 쇠락의 길에 접어들었다. 페루의 잉카제국은 12세기경 수도 쿠스코를 중심으로 작은 왕국으로 출발했다. 파차쿠티Pachacuti 왕 이후로 태평양에서 아마존에 이르는 남아메리카 최대 제국으로 발전했다. 마추픽추Machu Picchu도 그 시기에 지어졌다.

북부 메소아메리카 문명들과 달리 잉카제국에는 문자가 없었지만 새끼줄을 이용해 숫자를 기록하는 결승문자가 있었다. 그 외에도 잘 정비된 도로와 거주 공간, 중앙식 저장 창고는 (여러 종교가 섞인) 반半신적인 통치자 아래 제국을 하나로 단결시켰다. 1500년대 초에 에스파냐 정복자들의 침공이 천연두의 형태로 흔적을 남겼다. 아마존 동쪽 부족들은 본격적인 식민지 시대가 오기까지 분열되어 있었다.

/ Inca

십자군

십자가를 뜻하는 라틴어에서 비롯한 '십자군crusade'은 11세기에서 14세기까지 일어난 종교 대립을 가리키는 말이다. 대부분 유럽이 예루살렘을 '해방'시키려는 시도였다. 예루살렘은 무함마드가 죽은 후 비잔틴제국에 함락되지만 이슬람의 신성한 도시인 만큼, 이집트 파티마왕조와 페르시아 셀주크왕조(또는 튀르크) 등 여러 칼리프가 되찾으려고 노력했다.

1095년, 약화된 파티마왕조가 예루살렘을 장악했고 튀르크는 소아시아를 손에 쥐었다. 비잔틴제국의 알렉시오스 1세가 동방교회를 지키기 위해 서로마에 도움을 청하자 교황 우르바누스 2세가 1차 십자군을 선포했다. 은둔자 베드로Peter the Hermit라고 불리는 성직자의 지휘 아래 소작농과 지위 낮은 귀족들로 구성된 대규모 십자군이 길을 떠났지만 도중에 수천 명이 사망했다. 굶주린 이들이 도시와 농가를 약탈했고 튀르크 궁술 부대에 참패를 당했다.

증강된 십자군이 알렉시오스 1세의 문제를 해결하기 위해 콘스탄티노플로 갔고 소아시아를 지나 이스라엘로 이어지는 해안으로 내려가서 1099년에 예루살렘을 함락했다. 그러나 십자군 왕국들은 계속 이슬람에 정복당했다. 가장 먼저 에데사 왕국이 함락되자 1145년에 2차 십자군이 결성되었다. 하지만 기독교는 아무 소득도 없이 이슬람교도들에게 지하드, 즉 성스러운 전쟁이라는 명분만 제공했다.

1187년 이집트의 살라딘이 파티마왕조를 무너뜨리고 예루살렘을 되찾음으로써 3차 십자군(영국 리처드 1세가 출정한 전쟁)을 촉발한다. 예루살렘은 이슬람의 손에 있었지만 그 주변은 다시 기독교 세력의 손에 들어갔다. 4차 십자군이 예루살렘 탈환에 나섰지만 이스라엘에 도착하지도 못했고 그 대신 1204년에 콘스탄티노플을 약탈해 기독교의 분열이 심화되었다. 십자군은 13세기 내내 이어졌지만 그 규모는 매우 줄어들었다. 십자군의 마지막 전초기지였던 아크레Acre는 1291년에 맘루크에 함락되었다. 한편 교황들은 다른 곳에서 십자군을 선포했고 저마다 다른 성공을 거두었다. 1209~1229년, 프랑스 알비 십자군Albigensian Crusade은 랑그도크 지역의 이단 카타리파를 잔인하게 제거했다.

칭기즈칸과 몽골족

테무진은 1162년에 몽골 족장의 셋째 아들로 태어났다. 그는 어릴 때 아버지의 동료였던 타무치우드Tayichi'ud 부족에 포로로 붙잡혔지만 탈출했고 그 뒤 무시무시한 약탈자로서 명성을 쌓았다. 정복한 부족들에게는 그의 편에 설 수 있는 기회를 주었다. 스승이었던 토그룰, 의형제 사이였던 자무카를 쓰러뜨린 테무친은 1206년 몽골족이라고 알려진 유목 민족의 지도자, 칭기즈칸이 되었다. 그 후 20년 동안 중국 북쪽을 침략하고 페르시아와 카스피 해를 휩쓴 뒤 중국으로 돌아왔다. 1227년 마지막 군사작전 도중에 사망했다.

그의 후손들은 몽골제국을 인도차이나에서 오스트리아까지 넓혔으나, 1260년 오늘날의 이스라엘 땅에서 이집트 맘루크 군대와 벌인 아인잘루트 전투Battle of Ain Jalut를 계기로 확장을 중단했다. 당시 그곳은 십자군 영토였으나 십자군은 맘루크군이 공동의 적을 무찌르게 놔두었다. 몽골은 이집트도 침략할 계획이었다. 1271년, 테무친의 손자 쿠빌라이 칸이 중국 원나라를 세웠다.

/ Genghis Khan and the Mongols

마그나카르타

사자왕으로 불리는 영국의 리처드 1세는 별로 유능한 왕이 아니었다. 그는 영국을 자주 방문하지 않았고 3차 십자군 전쟁에서 붙잡혀 적들로부터 거액의 몸값을 요구받았다, 프랑스 전쟁 배상금을 포함해 그의 석방에 15만 마르크가 필요했다. 하지만 그는 자리를 비우는 적이 많아서 영국에 직접 세금을 부과하지 않았기 때문에 동생 존보다는 평판이 좋은 편이었다. 그가 죽은 뒤 여러 재앙이 겹쳐 반란이 일어났다. 존 왕은 정복자 윌리엄의 땅이었던 노르망디공국의 대부분을 빼앗겼고 새로운 캔터베리 대주교의 임명을 두고 교황과 대립해 파문당했으며, 귀족들이 들고일어났다.

1215년에 러니미드Runnymede에서 승인한 마그나카르타는 왕의 권한을 제한하는 최초의 법적 시도였다. 존 왕은 마그나카르타의 규정에 응했지만 그것은 실제적 도구라기보다는 미래 세대를 위한 상징으로서 더 중요했다. 반란은 존 왕의 죽음 이후까지 이어졌다.

맘루크

하룬 알라시드의 아들 무타심Mutasim은 노예들을 사들여 충직한 경호병으로 훈련시켰다. 아바스왕조는 권력이 약해지면서 이 노예 군대에 의존했다. 하지만 그들은 오히려 아바스왕조의 자리를 노렸다. 튀르크의 맘루크(백인 노예) 이븐 툴룬Ibn Tulun은 9세기에 곧바로 이집트의 자치권을 획득했다. 십자군에 영토를 잃은 파티마왕조, 훗날 영토 대부분을 되찾은 아이유브왕조 이후 1250년 바흐리계(Bahri, 해군 출신 노예병) 맘루크왕조가 마침내 권력을 손에 넣는다.

십자군이 매우 약해진 상태인데다 1258년 몽골이 바그다드의 아바스왕조를 제거하자 바흐리들은 동쪽으로 쉽게 이동해 그들만의 제국을 세웠다. 1260년에는 몽골의 진군을 막았다. 1382년부터 부르지 계열의 맘루크가 이집트와 근동 지역을 다스리고 1517년에 오스만제국에 점령당했다. 그 이후에도 맘루크는 계속 남아 이집트에서 나폴레옹군에 저항했다. 오스만제국의 무함마드 알리Muhammad Ali 장군이 1811년에 그들을 전부 학살했다.

/ Mamluks

오스만제국

튀르크족은 혈연관계가 있는 듯한 훈족과 마찬가지로 중앙아시아의 호전적인 유목 민족이었다(실크로드에 관한 초기 저작에서 언급되는 것으로 보아 어쩌면 중국 혈통일지 모른다). 튀르크족의 일족인 오구즈Oghuz는 족장 셀주크의 지도 아래 아나톨리아에 정착했고 11세기에 이슬람교를 받아들였다. 그의 손자 투그릴Tughril은 셀주크왕조를 세우고 바그다드까지 영향력을 확장해, 쇠퇴하는 아바스왕조의 보호자를 자처했고(실질적인 권력자였다) 술탄 칭호를 받았다. 그러나 정치적 갈등으로 십자군이 도달할 무렵에는 상당한 분열이 있었고 몽골이 아나톨리아의 남은 술탄 영지까지 정복했다.

오구즈의 또 다른 지도자 오스만 1세는 다른 방향으로 나아가 비잔틴 영토에서 왕국을 만들었다. 오스만제국은 20세기까지 지속되다가 케말 아타튀르크에 의해 무너졌다. 그들은 콘스탄티노플까지 포위했지만 티무르의 공격이 계속되어 1402년에 앙카라 전투로 인해 몇 년 동안 혼란에 빠졌다. 술탄 바예지드 1세의 죽음 이후 그의 아들들에 의한 내란이 계속되다가 메흐메트 1세가 권력을 잡았다.

/ Ottoman empire

1453년에 콘스탄티노플을 함락하고 새로운 수도로 삼았다. 오스만제국은 그 후 2세기 동안 멀리 뻗어 나갔다. 레판토 해전에서 패배해 지중해 패권을 손에 넣지는 못했지만 유럽 급습을 멈추지 않았다. 이집트를 포함한 이슬람 근동 지역을 점령하고 실크로드를 지배했다. 밀레트millet를 통해 비이슬람 교도들의 종교 자치 체제를 허용했다.

러시아의 예카테리나 2세에게 크림반도를 빼앗기면서 오스만제국은 서서히 쇠퇴의 길을 걷게 되었고 그리스 독립으로 근본적인 약점이 드러났다. 오스만제국의 경제를 좌우하던 지속적인 영토 확장이 멈춰버린 후, 다른 제국(특히 러시아, 오스트리아·헝가리)과 국경에서 주기적으로 벌이는 소규모 접전만으로 간신히 몰락을 면했다. 콘스탄티노플을 방문한 유럽인들은 크림전쟁 당시에도 걸인들과 무력한 시민들을 볼 수 있었다. 갈리폴리 전투(1915~1916)에서 승리를 거두는 영광을 누렸지만 제국의 붕괴를 막기에는 역부족이었다.

티무르

트란스옥시아나Transoxania(우즈베키스탄)에 정착한 몽골족 후손들은 튀르크와 이슬람의 일부가 되었다. 하급 지도자의 아들로 태어난 티무르는 몽골족에 포로로 붙잡혔다가 1340년대에 사마르칸트로 갔다. 그는 용병이 되었고 거듭된 부상 때문에 '절름발이 티무르'라고 불렸다. 그의 정복 원정은 학문과 프로파간다, 천재적 전략, 흉폭함의 조합이었다. 칭기즈칸의 후손이라는 정통성이 없어서 허수아비를 내세워 통치했다. 모스크바, 알레포, 바그다드, 카슈가르, 델리 등을 정복했고 인도에 이슬람을 전파했다. 그는 도시 전체를 완전히 무너뜨리고 경고의 의미로 해골 피라미드를 세웠다. 사상자가 1,700만 명에 이른다는 추정도 있다. 학자이기도 했던 그는 프랑스와 카스티야 왕들과 서신을 주고받았다. 오스만제국이 점령한 앙카라를 정복함으로써 일부 기독교 국가의 잠재적 동맹국이 되었지만 사실 그는 기독교의 한 분파인 네스토리우스파를 몰살했다. 혹독한 겨울 날씨와 전염병 속에서 명나라를 공격하다가 1405년에 세상을 떠났다.

사마르칸트에 있는
비비하눔Bibi Khanym 사원.
티무르가 1399년
인도 원정 이후에 지었다.

명나라

칭기즈칸의 손자 쿠빌라이 칸이 건국한 원나라가 망하고 들어선 명나라(1368~1644)는 중국을 서서히 독립국가로 재건했다. 계속되는 몽골족의 침략에(토목의 변으로 명나라 황제가 포로로 붙잡히기도 했다) 만리장성을 수리하고 재건설했다. 1403년에 베이징이 새로운 수도가 되었다. 문학과 미술이 발달했으며 명나라 시대에 만들어진 도자기는 매우 귀한 대접을 받는다.

소빙기가 초래한 기근과 경제적 어려움 때문에 사람들의 불만이 높아졌다. 유럽과의 무역을 통해 은이 대거 유입되자 명나라의 종이돈이나 송나라의 구리나 철로 된 동전이 아닌 은을 화폐로 사용했다. 에스파냐가 더욱 엄격한 무역 보호 제도를 도입해 은 수입이 중단되었는데도 세금을 은으로 내도록 하여 많은 이들이 불편을 겪었다. 이자성이 반란을 일으켜 베이징을 점령하고 1644년에 황제에 즉위했지만 곧 반격당했다. 그 후 청나라가 들어서 1911년까지 중국을 다스렸다.

/ Ming

백년전쟁

백년전쟁은 갑옷 입은 기사들에서 시작해 대포와 권총, 군사작전으로 점철된 전쟁이다. 이 전쟁으로 지난 3,000년 동안보다 더 많은 변화가 일어났다. 영국의 헨리 2세는 아키텐의 알리에노르와 결혼해 프랑스의 5분의 3을 통치했지만, 아들 존이 마그나카르타로 인해 대부분을 잃었다. 에드워드 3세는 1337년 프랑스 왕가 상속권을 주장했고 1340년 슬라위스 해전에서 프랑스 함대를 격파해 영국이 30년 동안 영국 해협을 점령했다. 에드워드 3세와 흑태자Black Prince라고 불린 그의 아들은 1346년 크레시 전투에서 승리하고 프랑스 칼레를 장악했다. 1356년 푸아티에 전투에서는 프랑스 왕 장 2세Jean II를 포로로 잡았다.

영국과 프랑스 모두 재정난에 시달렸고 특히 프랑스에는 농민 반란이 일어나 1360년 휴전했다. 10년 후 프랑스의 샤를 5세가 영토 회복을 시작했다. 그가 1380년에 죽은 후 즉위한 아들 샤를 6세는 정신이상 증세를 보였다. 무능력한 왕 곁에는 그를 조종하고 이득 보려는 사람들이

득실댔다. 1407년 내전이 일어났다. 1415년 영국 헨리 5세가 부르고뉴공국과 동맹을 맺어 전쟁을 일으켰고 아쟁쿠르에서 프랑스 대군을 무찔렀다. 그는 노르망디공국을 다시 얻고 샤를 6세의 딸 카트린과 결혼해 샤를 6세의 아들인 샤를 왕태자 대신 왕위 후계자가 되었으나 1422년에 세상을 떴다.

1429년, 평민 소녀 잔다르크가 샤를 왕태자를 알현하고 신이 프랑스를 구하려고 자신을 보냈다며 오를레앙으로 갔다. 며칠 후 그녀는 영국군이 압도적으로 많은 상황에서 오를레앙을 구했다. 잔다르크가 지휘한 파타이 전투에서는 영국군의 전략상 약점이 드러났다. 1430년 그녀의 죽음이 그녀의 전설을 더욱 확고하게 만들었다. 랭스에서 샤를 7세로 즉위한 왕태자는 장궁수들을 무찌를 포병대를 조직했고 얼마 뒤 프랑스군이 승리를 거두었다. 부르고뉴공국은 1435년에 편을 바꾸었고 영국은 1453년 카스티용 전투에서 칼레를 제외한 프랑스 영토를 모두 잃었다. 영국과 프랑스의 갈등은 크림전쟁까지 계속되었다.

흑사병

1347년에 창궐해 4년간 유럽 인구의 3분의 1을 앗아간 흑사병은 역사상 유일무이한 것은 아니나 가장 유명한 전염병임에는 틀림없다. 흑사병은 실크로드를 따라 전파되었다. 크림반도에서 이탈리아 무역 상인들이 (아마도 몽골족으로부터) 옮아 온 것이다. 흑사병의 매개체는 곰쥐에 붙어사는 벼룩이지만 호흡기를 통해서도 전염되었다. 설상가상으로 기근이 덮쳤다.

많은 사람이 마녀나 유대인을 탓했는데 인간의 원죄 때문에 받는 벌이라 생각하는 사람들도 있었으니, 특히 프랑스에 많았다. 흑사병의 영향을 받아 예술 작품에 해골이 흔히 등장했다. 영국 길드는 개별 급수 시설 덕에 피해가 적었던 것을 감사하는 의미에서 『성경』 이야기로 공연을 했다. 이 '성사극Mystery Plays'에서 상업연극이 탄생했다. 노동력이 부족하고 먹을 것이 값싸서 봉건제가 불안정해지는 한편 임금이 직접 지불되기 시작했다. 그 수입을 땅에 투자한 뒤 땅을 더 사거나 무역으로 불리는 사람들이 생겨나 수세기 동안 이어진 귀족의 특권을 위협했다.

합스부르크가

합스부르크의 루돌프 백작은 1273년 '로마 왕'(실제로는 독일 국왕)으로 선출되고 오스트리아를 합병해 가문을 권좌에 올려놓았다. 합스부르크가는 1440년 교황이 프리드리히 3세를 신성로마제국 황제로 선포하게 만들 만큼 강력한 힘을 발휘했다. 프리드리히 3세는 합스부르크가에서 존경받는 두 명 중 첫 번째 인물이다. 두 번째인 카를 5세가 즉위한 1519년 즈음에 이 가문은 유럽 전역의 왕가와 관계를 맺었다. 프리드리히 3세의 아들 막시밀리안 1세는 아들 필리페를 에스파냐 공주와 결혼시켰다. 그의 손녀는 헝가리 왕위 계승자와 결혼해 오스트리아·헝가리제국이 탄생했다. 카를 5세는 독일, 에스파냐, 가끔은 네덜란드까지 다스렸다. 하지만 통치하기에 너무 커져 왕국은 에스파냐 계통과 오스트리아 계통으로 나뉘었다. 합스부르크가의 근친결혼은 '합스부르크의 턱'이라 불린 주걱턱 등 신체적, 정신적 문제를 낳아 직계는 끝나고 방계만 남았다. 합스부르크는 1918년에 오스트리아공화국이 성립될 때까지 오스트리아를 다스렸다.

/ Habsburgs

장미전쟁

영국의 헨리 6세는 갓난아이였던 1422년에 왕이 되었는데 정신병 증세를 보여 삼촌들이 나라를 다스렸고, 결국 영국이 지고 있던 백년전쟁으로 세력이 갈라졌다. 그가 1453년에 신경쇠약증을 보일 때 요크 가문의 리처드(왕위 계승권을 주장한다)가 호국경이 되었다. 헨리의 아내 앙주의 마거릿은 평화를 원하는 세력을 이용해, 헨리가 회복된 후 1455년에 리처드를 내쫓았다. 그 후 내전이 일어났고, 1460년 의회는 리처드를 후계자로 임명했다. 마거릿은 싸움을 계속해 웨이크필드 전투 Battle of Wakefield에서 리처드를 죽였다. 하지만 그녀의 랭커스터 군대는 1461년에 타우튼에서 격파당한다. 리처드의 큰아들 에드워드 4세가 왕위에 올라 1471년 마거릿의 마지막 방어 공격을 포함해 반란을 모두 잠재웠다. 1483년 에드워드가 세상을 뜬 뒤 동생이 왕위에 올라 리처드 3세가 되었다. 랭카스터 가문 유일의 왕위 계승자인 웨일즈 태생의 헨리 튜더가 1485년에 보즈워스 전투에서 리처드 3세를 격파하고 요크 가문의 엘리자베스와 결혼하면서 전쟁의 막을 내렸다.

/ Wars of the Roses

인쇄술

목판은 유럽에서 한 세기 동안 이미지 복사의 수단이었다. 그러다 1454년에 요하네스 폰 구텐베르크가 포도 압착기에 착안해 납 활자를 이용하여 인쇄를 했다. 중국의 인쇄술은 개별적인 그림글자에 활엽수로 된 목판과 수용성 잉크를 사용했는데 구텐베르크는 네덜란드의 유성 잉크를 사용했으므로 질 낮은 종이도 사용할 수 있었다. 책 소유는 특권의 표시였고 글을 읽는 능력은 성직자들의 전유물이다시피 했다. 책을 만들려면 집중적인 수작업이 필요했으므로 그 자체로 헌신 행위였다. 『린디스판 복음서』처럼 장식을 넣는 경우가 많았고 각 권마다 텍스트에 약간 변형이 있었다. 책 인쇄는 대량생산의 출발이었다. 파리와 베니스에서는 인쇄술을 받아들여 독자적인 글씨체(각각 로마체와 이탤릭체)를 발전시켰다.

마르틴 루터는 현지 언어로 된 『성경』을 출판했으므로 읽고 쓰는 능력은 그의 추종자들에게 필수 도구가 되었다. 저렴하고 균일한 책은 학교교육의 발달을 가져왔다. 개인 교육은 귀족 가문의 자제들만 가능했는데 상인의 아들들이 대규모로 함께 교육을 받을 수 있게 되었다. 영향력 있는 책에 쉽게 접근할 수 있었고 책 거래는 (그것을 저지하려는 시도 또한) 종교개혁과 자본주의 성장과 밀접한 관계가 있었다. 정부는 물론 반란군도 새로운 인쇄술을 프로파간다에 이용했다.

근대 민족 국가의 개념은 현지 언어로 된 책이 대량생산된 1500년 이후에 본격적으로 발달했다. 페트라르카와 에라스무스 같은 인문주의 학자들은 저작물을 라틴어로 써서 세계적으로 유명해졌다. 보카치오의 『데카메론』이나 초서의 『캔터베리 이야기』와 같은 토착어로 쓴 작품은 개인용이나 공연을 위한 것이었는데 어느 모로 보나 시사성이 있었다. 대량으로 만든 책들은 지속적이고 민족적인 특징을 지녔다. 방언을 즉석에서 음성 철자법으로 바꾼 것이 성문화되었고 문자언어가 유럽국가들의 특징이 되었다. 각 언어로 만들어진 책은 수출도 가능했지만 한 국가의 문화는 점점 사적인 대화의 성격을 띠었다. 자기결정과 개인의 양심은 향후 5세기의 이상을 형성했다. 이 이상은 계몽 시대 이후 세계적으로 퍼진다.

메디치 가문

르네상스 시대에 이탈리아에서 가장 성공한 가문 중 하나인 메디치는 1397년 은행을 세우면서 부를 쌓았다. 유럽 전역에 지점을 세워 왕가에 자금을 제공하고 오늘날 국제 상업의 유형을 마련했다. 코시모 데 메디치는 관심을 정치로 돌렸는데 그의 관리 소홀로 은행은 1494년 문을 닫았다. 그와 후손들은 피렌체를 통치했고 1530년부터는 세습 군주제를 열어갔다. 메디치가는 예술과 과학의 후원자로서 미켈란젤로, 레오나르도 다빈치, 갈릴레오 등 수많은 이들을 장려했으며 영리한 정치 공작으로 프랑스의 부르봉가, 오스트리아의 합스부르크가 등 유럽 왕가들과 혼인 관계를 맺고 교황도 여럿 배출했다. 레오 10세는 마르틴 루터가 혐오한 '면죄부' 판매로 모은 자금으로 로마를 아름답게 재건하고 인쇄기를 주문했다. 클레멘스 7세는 영국 헨리 8세의 이혼을 승인하지 않았고 합스부르크 카를 5세에 반대하는 교황령을 지지했다. 1527년 로마가 함락당하자 메디치가의 르네상스 후원도 끝이 났다. 메디치가의 직계는 1737년에 끊겼다.

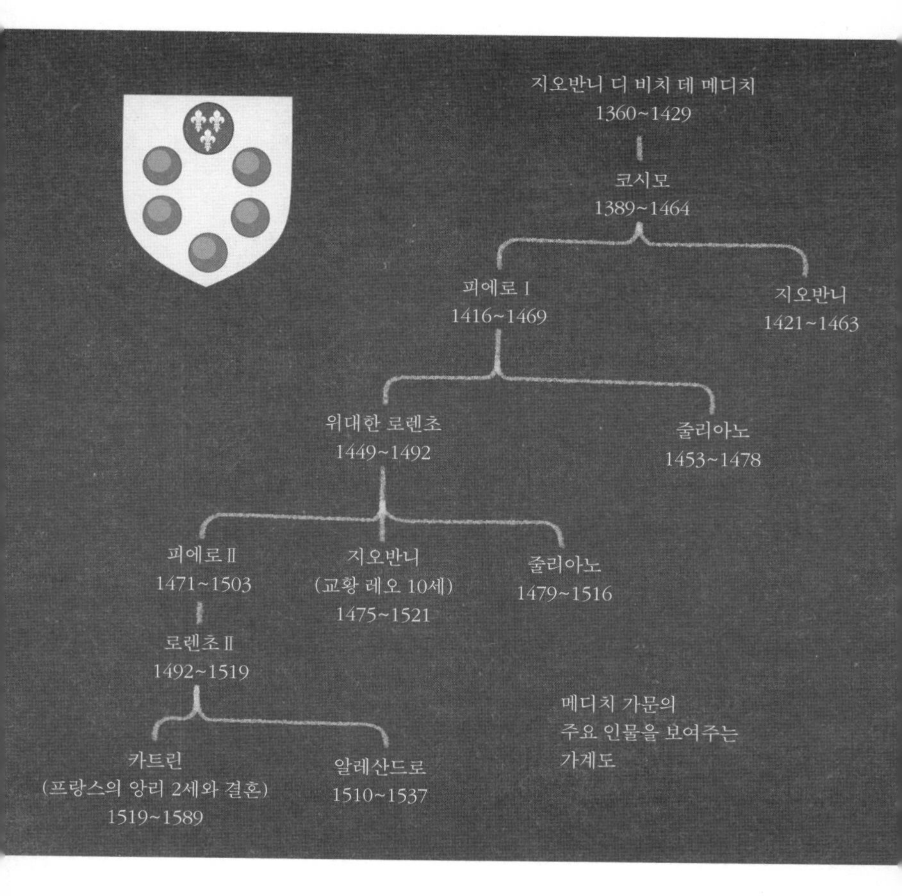

메디치 가문의
주요 인물을 보여주는
가계도

콘스탄티노플 함락

오스만제국의 침략으로 1453년에 마지막 독립 수도가 점령당하면서 로마제국의 남은 부분마저 무너졌다. 콘스탄티노플이 함락된 것은 처음이 아니었지만 (1204년 십자군에 약탈당했다) 이때는 완전히 함락되었다. 당시 콘스탄티노플은 도시국가로 그 위상이 축소되었지만 아시아와의 교역을 위한 육로로서는 여전히 중요한 곳이었다. 이처럼 실크로드의 남은 부분마저 잃자 서구는 인도제국으로 향하는 해상로를 찾기 시작했다. 당시 지중해 무역은 베니스가 통제했다.

교황이 십자군을 제안했지만 아무도 참여하지 않았다. 종교개혁 이후에는 종교적 열의가 다른 식으로 지정학적인 동기와 합쳐졌다. 오스만제국은 1529년에 빈 정복에 실패하기 전까지 지속적으로 영토를 확장했고 (한쪽으로는 헝가리 진출, 또 한쪽으로는 페르시아 공격) 프랑스는 합스부르크 왕가 공격을 지원하기까지 했다. 이스탄불로 이름이 바뀐 콘스탄티노플은 1923년까지 오스만제국의 행정·문화 수도였다.

/ Fall of Constantinople

항해

콘스탄티노플을 함락한 오스만제국이 실크로드 무역에 세금을 부과하고 중국에서 나침반이 전파되자 15세기 유럽인들은 해로에 더욱 매력을 느꼈다. 포르투갈의 항해자 엔히크 왕자는 아프리카에 지도 작성과 무역을 위한 원정대를 보냈고 노예무역을 실시했다. 1479년 포르투갈과 에스파냐는 알카소바스 조약을 맺고 임의적인 자오선을 기준으로 서쪽은 에스파냐, 동쪽은 포르투갈이 차지했다. 포르투갈의 목적은 중국과 인도에서 향신료와 비단을 들여오는 것이었다. 1490년 바스쿠 다 가마가 남아프리카를 거쳐 인도에 도착했고 무역로가 만들어졌다. 에스파냐 페르디난트와 이사벨은 서쪽 경로를 찾는 항해를 후원했다. 1492년 콜럼버스가 그리스·로마 학자들이 언급하지 않은 땅을 발견했다.

영국의 존 캐벗은 인도로 가는 북서항로를 찾으러 떠났고 1497년에 뉴펀들랜드에 도착했다. 그는 새 어장을 발견한 대가로 5파운드를 받았다. 신세계를 두고 각국의 경쟁이 치열해졌다. 에스파냐는 서쪽에 원정대를 계속

보냈고 1513년 바스코 데 발보아가 태평양에 도착했다. 1519~1522년 마젤란 원정대는 세계 일주를 했는데 다섯 척 중 한 척만 돌아왔다.

에스파냐 정복자들은 신세계를 약탈했다(포르투갈은 조약을 무시하고 브라질을 정복했다). 영국인은 독립 13주Thirteen States에 정착했고 그 근처에 네덜란드와 프랑스 사람 들도 자리 잡았다. 북아메리카는 프랑스 모피 사냥꾼들이 7년 전쟁의 전쟁터로 만들었지만 초기에는 영국과 네덜란드의 경쟁이 치열한 곳이었다. 1600년 엘리자베스 1세는 동인도회사를 승인했다. 경쟁자인 네덜란드 동인도회사는 헨리 허드슨을 미국 탐험에 보냈는데 그는 자기 이름을 붙인 만과 강을 지도에 넣었다. 네덜란드는 뉴암스테르담을 전략적 항구로 삼았다.

18세기에 영국은 세계 항해를 위한 두 가지 혁신을 이뤘다. 제임스 쿡이 과일이 괴혈병을 막는다는 사실을 발견했고, 존 해리슨은 경도 측정용 정밀 시계를 발명했다.

페르디난트와 이사벨

로마제국의 이베리아반도(에스파냐와 포르투갈)는 409년에 서고트족이 빼앗았다. 서고트족은 대부분을 우마이야 왕조에 빼앗겼다. 10세기 이후로는 기독교의 전쟁 지도자들이 이베리아반도를 북쪽에서 침략해 들어왔고, 새로운 이슬람 세력이 도달해 기존 이슬람교도들의 느슨한 관습을 '정화'시키면서 남쪽의 공존도 약화되었다. 일부는 레콩키스타Reconquista 운동이 일어난 카스티야나 아라곤, 나바르가 있는 북부로 도망쳤다. 결과적으로 항해 도구와 해도海圖 같은 아랍의 지식이 더욱 활발하게 유럽에 전파되었다.

1474년 아라곤의 페르디난트 2세는 카스티야의 이사벨 1세와 결혼했다. 1492년 그들은 에스파냐 남부 그라나다 왕국을 정복했고 현재의 에스파냐 국경선이 갖추어졌다. 그들이 모든 유대인에게 강제 개종을 명하자 다수가 베니스로 건너갔고 이는 베니스에 큰 도움이 되었다. 에스파냐에 남은 이들은 종교재판을 받았다. 에스파냐 왕가는 합스부르크, 튜더와 혼인을 맺었고 탐험대를 후원해 포르투갈의 엔히크와 경쟁했다.

페르디난트와 이사벨을 알현하는 콜럼버스.

사파비왕조 페르시아

한 세기 넘게 티무르 후손들의 통치하에 있던 페르시아는 1501년 10대 소년에게 정복당했다. 이스마일은 사파비족의 지도자였다. 사파비족은 한때 우즈베키스탄으로 추방당했는데, 수피교에서 열두 이맘 시아파로 전향했다. 이는 오스만에 대한 페르시아의 원한을 심화시켜 전쟁이 발발했다. 1555년 페르시아는 이라크를 잃었고, 이스마일은 아제르바이잔의 키질바시(Qizilbash, 교리상 열두 이맘파에 가깝다) 전사들의 도움으로 수도 타브리즈를 정복해 사파비왕조를 세웠다.

사파비왕조의 아바스 왕은 이스파한을 새 수도로 삼았다. 다양한 민족이 섞인 이스파한은 무역의 거점이 되었으며, 양탄자로 유명해졌다. 유럽 특사들은 콘스탄티노플을 피해 이곳에 왔다. 아바스의 군대를 재편한 영국인 셜리 형제를 비롯해, 1602년까지 포르투갈 기지가 있었고, 10년 후 영국 해군이 쫓겨난 뒤에는 네덜란드가 무역에서 특혜를 받았다. 사파비왕조는 1639년 아프간 반란으로 쇠약해졌다. 무굴의 칸다하르 점령으로 현재 이란 국경이 만들어졌다.

콩키스타도르

1492년 크리스토퍼 콜럼버스는 히스파니올라 섬(현재의 아이티와 도미니카공화국)에 요새를 세우고 그곳 주민들을 페르디난트와 이사벨의 노예로 데려갔다. 이탈리아의 탐험가 아메리고 베스푸치는 그곳이 동인도가 아닌 새로운 땅임을 깨달았다. 1520년 에르난 코르테스가 멕시코에 도착했다. 피부가 비교적 하얗고 말을 탄 그의 모습은 아즈텍족 신화에 나오는 신과 비슷했다. 진실이 밝혀졌을 때는 이미 에스파냐가 질병과 학살로 수많은 원주민을 죽이는 식민지화가 진행되었다.

코르테스는 원주민의 도움과 몬테수마 2세 납치로 아즈테카왕국을 무너뜨렸다. 그의 사촌 피사로는 1533년 잉카제국을 정복했다〔p.166〕. 두 제국 모두 귀금속이 풍부해 에스파냐로 가져갔는데 통화 공급만 증가해 초인플레이션이 발생하고 에스파냐의 상업이 망가졌다. 또 해적과 사나포선(주로 영국에서)이 늘어났다. 동쪽을 선점한 포르투갈은 브라질을 식민지로 삼아 아프리카 노예들을 사탕수수와 커피 농장으로 이주시켰다.

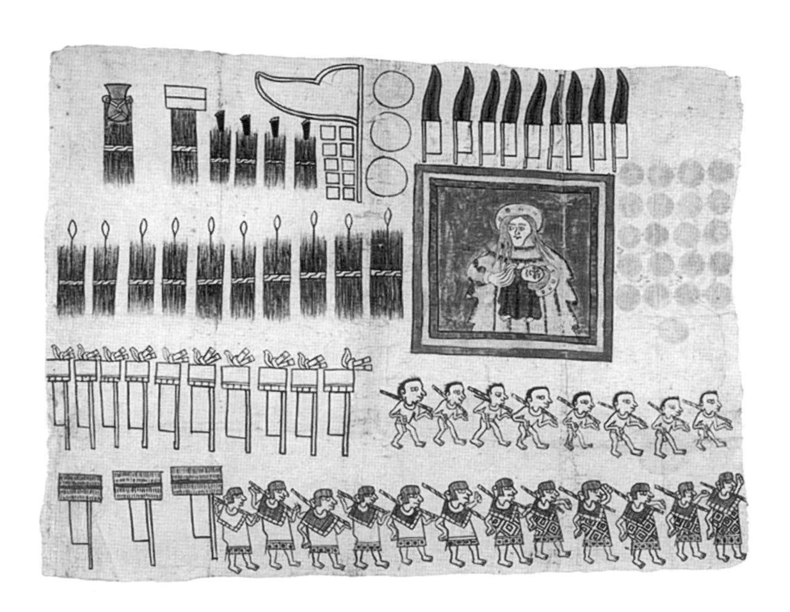

에스파냐의 정복 직후에 만들어진 우엑소친코 사본Huexotzinco Codex에는
메소아메리카 최초로 동정녀 마리아의 모습이 담겨 있다.

마르틴 루터

1483년에 작센에서 한스 루더Hans Luder라는 이름으로 태어난 마르틴 루터는 메디치가와 보르자 교황들 때문에 세속주의가 만연한 시대에 독실한 가톨릭 수도사로 출발했다. 그는 교회의 타락에 맞서기 위해 선행(교회 기부 등)보다는 신앙을 통한 구원 교리를 만들었다. 가톨릭교회는 십일조(수익의 10분의 1을 기부하는 것) 외에도 면죄부 판매로 자금을 충당했다. 1517년 루터는 면죄부 판매에 반대하는 95개조 반박문을 썼다. 팸플릿과 인쇄 기술로 그의 '개신교' 사상이 유럽 전역으로 급속하게 전파되었다.

1521년 교황 레오 10세는 루터를 보름스 의회Diet of Worms에 소환했고 루터는 파문당했다. 그 후 은둔 생활을 하면서 성서를 번역했다. 칼뱅, 츠빙글리, 녹스 같은 종교개혁자들도 자신만의 개신교 신학을 발전시켰다. 영국의 헨리 8세는 종교개혁이 정치적으로 편리하다고 생각한 반면 신성로마제국의 카를 5세는 가톨릭을 지나치게 수호하려고 해 수많은 독일 귀족이 개신교로 돌아섰다.

/ Martin Luther

무굴제국

무굴왕조가 배출한 17명의 황제들은 1526년부터 1707년까지 인도 아대륙을 예속시키고 통일해 지구상에서 가장 부유한 제국을 만들었다. 티무르, 칭기즈칸의 혈통을 이어받은 페르가나의 군주 바부르는 우즈베키스탄과 사파비 제국에서 자랐다. 그는 세상을 떠나기 전 4년간 아프가니스탄과 인도 북부를 차지했고 1530년 아들 후마윤에게 남겼다. 후마윤은 1540년 황제 자리에서 물러났다가 15년 후에 다시 즉위해 영토를 확장하고 유배지였던 페르시아에서 예술가와 학자 들을 데려왔다.

1556년에 즉위한 '위대하다'는 뜻의 악바르 황제는 힌두 지역을 대부분 정복했다. 그는 이슬람교가 지배적인 왕국에서 종교의 자유를 허용했다. 자한기르가 1605년에 뒤를 이었고 샤자한이 1627부터 1658년까지 다스렸다. 샤자한 황제는 사랑하는 아내의 죽음을 기리기 위해 타지마할(무굴제국의 대표 건축물)을 지었지만 야심 많은 아들 아우랑제브에 의해 유폐당했다. 종교적 폭동이 심했음에도 아우랑제브의 통치 아래 무굴제국은 전성기를 누렸다.

/ Mughals

영국의 종교개혁

헨리 7세는 후계자인 아서를 에스파냐 공주인 아라곤의 캐서린과 정략결혼시키지만 아서의 죽음으로 계획에 차질을 빚는다. 미래의 대주교를 준비 중이던 아서의 동생 헨리는 헨리 8세가 되고 교황의 특별 허가를 받아 형수인 캐서린과 결혼식을 올렸다. 둘 사이에는 딸만 한 명 있었는데 헨리 8세는 캐서린과의 혼인이 신의 말씀을 어긴 것이라며 취소 요청을 한다. 새 교황은 이를 거절한다. 이에 헨리 8세는 1536년에 영국국교회를 수립하고 정면 돌파에 나선다. 자신을 비판한 대법관 토머스 모어를 처형했지만 모순적이게도 헨리 8세는 죽을 때까지 가톨릭 미사를 보았다.

수도원 재산을 몰수해 왕가의 소득을 늘리는 한편 수도사들은 부르주아 자제들이 다니는 학교의 교사가 되었다. 헨리와 캐서린의 딸 메리 1세는 영국에 가톨릭을 부활시켰고 3년 동안 300명의 '순교자'를 화형시켰다. 헨리 8세가 두 번째 결혼에서 얻은 딸 엘리자베스 1세는 다시 국교회로 되돌렸고 그 후 영국은 명목상 개신교로 남았다.

/ Reformation in England

레판토 해전

오스만제국은 콘스탄티노플 함락 이후 영토를 계속 확장했지만 1571년에 중단된다. 비오 5세가 오스만제국을 억누르기 위해, 특히 포위된 키프로스를 해방시키기 위해 기독교 동맹을 결성했다. 오스트리아의 돈 후안이 함대를 지휘했고 에스파냐와 이탈리아 군대가 맨 앞에 나섰다(개신교 영국은 거부했고 프랑스는 내부 갈등에 휘말렸다). 레판토는 코린트 만Gulf of Corinth의 좁은 부분에 위치한 작은 도시로 그리스와 테르모필레를 반으로 나누는 지점에 있는 전략적 요충지여서 여러 국가가 차지했었다. 1499년에 베니스가 오스만제국에 빼앗겼다.

기독교 동맹 함대는 1571년 10월 7일에 오스만제국의 주요 함대와 레판토에서 대규모 해전을 벌였다. 오스만제국의 수적 우세에도 이슬람의 사상자는 약 3만 명인 반면 기독교 동맹은 7,500명이었다(비슷한 수의 기독교 노예들이 해방되었다). 오스만제국의 해군 부대가 목숨을 많이 잃었고 혼성 화살 부대는 완전히 열세였다. 그 후 궁술은 해전에서 결정적인 역할을 하지 못했다.

/ Battle of Lepanto

1572년의 신성

기독교와 아리스토텔레스주의의 통합이 유럽에서 널리 퍼진 것은 이치에 맞는 일이었다. 달 위에 있는 모든 것은 완벽해서 부패하지 않지만 인간의 죄는 지구를 부패와 병, 죽음에 취약하게 만들었다. 행성은 완벽한 순환을 하면서 움직이고 금강석으로 된 구에 감싸여 있다. 천국에서는 무엇도 변할 수 없었다.

8,000년의 여정을 거쳐 저 멀리 카시오페이아에서 일어난 별의 폭발로 인한 빛이 1572년 11월 지구에 도달했다. 고대 그리스·로마 시대 저작자들의 학습된 가정假定에서 직접적인 관찰로 바뀐 르네상스 시대의 사고방식은 그러한 변화를 받아들이기에 더 안성맞춤이었다. 하지만 낮에 보이는 이 새로운 별, 혹은 '신성'은 대단히 충격적이었다. 점점 심해지는 종교적 폭력과 사회 대변동에 대한 두려움과도 일치했다. 덴마크의 천문학자 튀코 브라헤Tycho Brahe의 상세한 연구를 통해 이 신성이 달보다 훨씬 멀리 있음이 밝혀졌고 나중에는 우주의 본질에 대한 견해를 완벽하게 점검하는 토대를 제공했다.

/ Nova of 1572

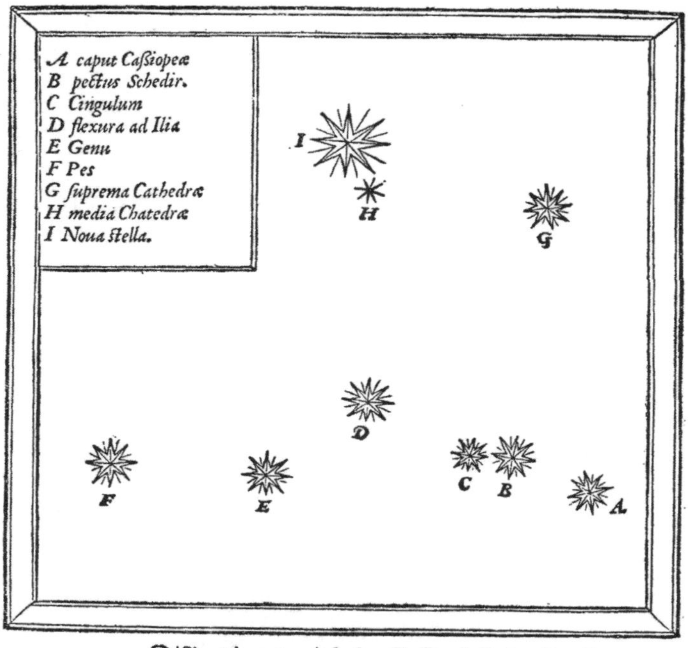

Distantiam verò huius stellæ à fixis aliquibus in hac Caßiopeiæ constellatione, exquisito instrumento.

튀코 브라헤가 지도에 표시한 1572년의 '신성'.

투팍 아마루

잉카제국은 왕 사파 잉카Sapa Inca가 천연두로 죽은 후 두 아들이 일으킨 내전으로 약화된 상태에서 1532년 에스파냐의 정복자 프란시스코 피사로Francisco Pizarro의 침입을 받았다. 사촌 에르난 코르테스가 메소아메리카를 공격한 것에 고무되어 1524년에 잉카제국을 탐사한 피사로는 잉카인들의 귀금속 제련술을 알게 되고 합스부르크의 카를 5세에게 새로운 땅을 정복하기 위한 지원을 요청했다.

피사로는 카하마르카 전투Battle of Cajamarca에서 소규모 총과 기마부대를 효과적으로 활용해 피해를 최소화하며 아타우알파 황제를 납치했다. 그는 몸값을 두둑이 챙기고도 황제를 살해하고 혼란한 틈을 타서 수도 쿠스코를 점령했다. 저항이 이어지자 꼭두각시 통치자를 내세웠지만 1541년 피사로는 그를 질투한 동료들에게 살해당한다. 잉카의 마지막 황제 투팍 아마루는 끝까지 투쟁하다가 1572년 처형당했다. 그 후 에스파냐는 잉카제국의 공동 노동 전통을 국가의 광산업에 활용함으로써 확고한 지배를 다졌다.

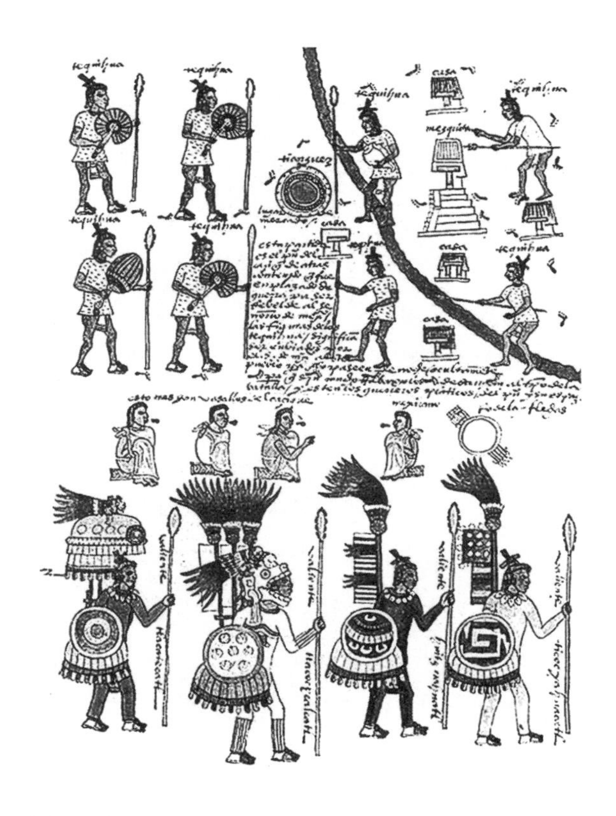

신성로마제국 황제 카를 5세를 위해 제작된 『멘도자 사본Codex Mendoza』에는 아즈텍족의 역사와 일상생활이 자세히 묘사되었다.

선교사

기독교는 콘스탄티누스 이전에 입소문으로 전파되었는데, 로마서 덕분에 개종자가 늘어났다. 아시리아 개종자들이 한나라 때 중국에 도착했고 성 키릴로스가 러시아에 동방정교회를 전파했다. 종교개혁 이후 서방 기독교의 두 분파는 더 넓은 세상에서 사람들을 개종시키려고 경쟁했다. 프란시스코 사비에르의 예수회는 가톨릭으로 중국과 일본, 그리고 정복자들이 지배한 남아메리카 일부에서 가장 활발하게 활동했다. 로마에서 멀수록, 더 오래 머물수록 개종자는 적었다. 마테오 리치는 사전을 만들고 1607년에 유클리드의 『기하학 원론』을 중국어로 번역했다. 일본이 쇄국령을 선포하자 인도차이나로 시선을 돌렸다.

대부분 영국 성공회 교도인 개신교 선교단은 영국의 영향력이 미치는 곳에서 활발하게 활동했다(미국도 선교단을 보냈다). 오지를 찾는 첫 서양인은 대개 선교사였다. 데이비드 리빙스턴은 우간다 선교단을 조직하는 한편 나일 강의 수원水源을 찾으려고 했다. 『구약성경』의 자유 투쟁가들 이야기는 20세기 해방운동에 영향을 끼쳤다.

예수교 선교사 마테오 리치와 관료이자 학자였던 서광계. 서광계는 초기에
기독교에 입문했고, 리치의 오랜 동료가 되었다.

폭군 이반

이반 4세는 스스로 황제Tsar라고 칭한 첫 번째 통치자는 아니었다(몽골을 격파한 그의 할아버지 이반 3세가 그러했다). 아버지가 루이 14세처럼 일찍 세상을 떠나서 그는 어려서부터 음모와 모략 속에서 자랐다. 그는 광범위한 지역을 정복했지만 (당시 카잔, 아스트라한, 시베리아는 모두 몽골 땅이었다) 오래 끈 리보니아 정복 작전은 실패로 돌아갔고 1571년에 크림 칸국이 모스크바를 침공했다. 이반 4세 집권 때 영국의 무역 상인들이 북부의 항구도시 아르한겔스크에 들어와 무스코비 무역 회사를 설립했다.

처음이자 가장 행복했던 결혼 상대는 아나스타샤 로마노프나였다. 그녀가 1560년에 죽은 후로(독살 추정) 그는 폭군이라는 별명이 붙게 된 행동을 보인다. 귀족들을 불신하고 법과 강제 이주, 학살로 귀족들을 괴롭혔다. 또한 비밀경찰 오프리츠니크를 결성했다. 그리고 후손 표트르 대제처럼 아들을 살해했다. 이반의 뒤를 이은 표트르 1세는 자식을 남기지 않고 죽어 류리크왕조는 막을 내렸다. 로마노프나 가문이 로마노프왕조를 세웠다.

얼스터 플랜테이션

엘리자베스 1세는 영국의 문화 부흥에 힘썼지만 개신교도로서 1570년에 교황 비오 5세에게 파문당했다. 가톨릭 국가들의 침략이 이어졌고 에스파냐는 1588년에 해상 공격을 했다. 영국의 사나포선들과 예상치 못한 태풍이 에스파냐 함대를 막았지만 위협은 계속되었다. 가톨릭인 아일랜드는 침략자들의 기지로 안성맞춤이었다. 엘리자베스의 아버지와 언니 메리 1세가 아일랜드의 통치자로 선포된 상태에서 (메리 1세는 바티칸의 승인을 얻었다) 그녀의 충신인 에식스의 백작이 아일랜드 북동부 얼스터에서 체계적인 식민지화를 시작했다. 그는 반대 세력을 무자비하게 진압했지만 그 자신도 반란죄로 처형당한다.

엘리자베스의 뒤를 이은 스코틀랜드의 제임스 6세(통일 영국의 제임스 1세)는 가톨릭교도들이 의회와 자신의 목숨을 노린 유명한 화약 음모 사건 이후 스코틀랜드 개신교도의 힘을 빌려 식민지화를 가속화했다. 다수가 경제적 이유로 이동했고 1640년 개신교 정착민은 4만 명에 이른다.

/ Ulster Plantations

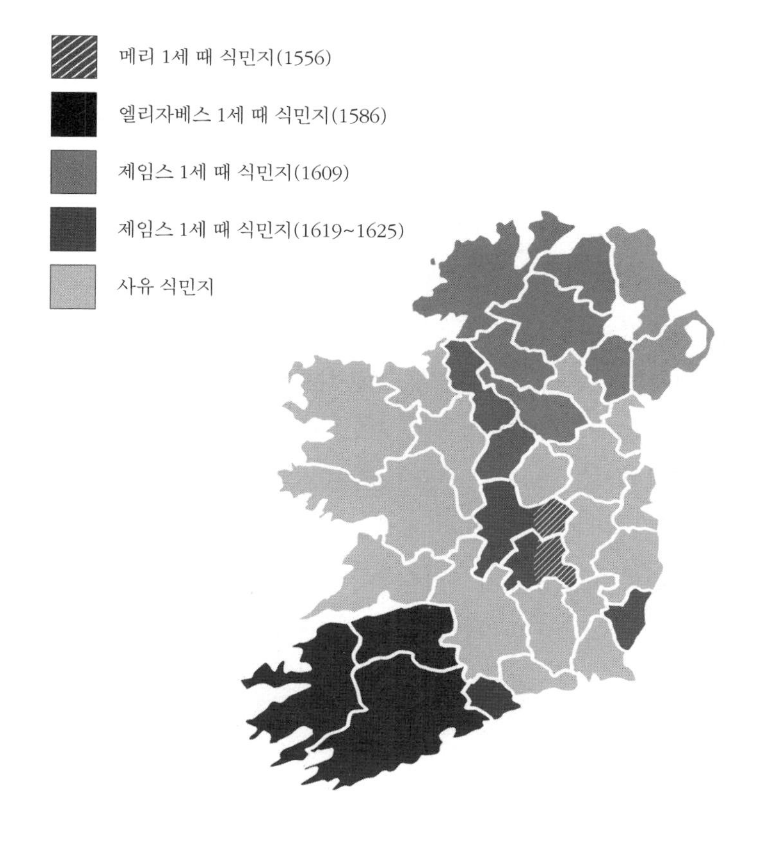

30년 전쟁

종교개혁과 그에 대한 반발, 합스부르크가와 경쟁자들의 갈등, 이웃 국가와의 전쟁 등 유럽에서 일어난 여러 갈등을 묶어 '30년 전쟁'이라고 한다. 1618년에 시작해 1648년에 끝난 30년 전쟁은 다섯 단계로 나눌 수 있는데 처음 네 단계는 각각 3, 4년 동안 이어졌다. 1단계는 루돌프 2세(신성로마제국 황제)와 그의 동생 마티아스가 아들을 남기지 못하고 세상을 떠나자 보헤미아 왕을 두고 일어난 다툼이었다. 루돌프는 보헤미아에 종교적 관용을 베풀었지만 오스만제국에 오스트리아와 헝가리 땅을 잃었다. 그의 뒤를 이은 마티아스는 얼마 뒤 세상을 떠났다. 보헤미아는 가톨릭을 주장하는 페르디난트와 개신교인 프리드리히에 대한 지지로 갈렸다. 개신교도가 가톨릭 의원 두 명을 3층에서 내던진 사건을 계기로 반란이 일어나 프리드리히는 보헤미아의 왕이 되고 페르디난트가 신성로마제국 황제에 올랐다. 페르디난트의 합스부르크 지지자들이 프리드리히의 땅인 팔츠(라인 강 근처)를 공격했다. 2단계는 에스파냐의 합스부르크 왕가로부터 독립하려는 네덜란드가 프리드리히의 도움을 받으면서 일어났다.

1625년 합스부르크가 라인에서 승리를 거두자 가톨릭교 프랑스와 루터교 덴마크, 영국(제임스 1세가 프리드리히의 장인), 네덜란드 동맹이 형성되었다. 신성로마제국은 보헤미아인 발렌슈타인의 도움을 받았지만 아무도 그를 믿지 않았고 동맹국들은 그를 쫓아냈다. 1630년 스웨덴의 구스타브 아돌프 왕이 독일의 영토권을 주장하면서 합스부르크의 독재를 막으려고 했다. 프랑스만 (경제적 이유에서) 그를 지지했다. 신성로마제국은 반격을 가했고 발렌슈타인을 불러들여 스웨덴을 격파했다. 페르디난트는 발렌슈타인을 암살했다. 1634년 프랑스·에스파냐의 갈등이 독일에서 일어나 스웨덴이 보헤미아를 점령할 수 있었다. 베스트팔렌 조약으로 전쟁이 종식되고 가톨릭은 보헤미아와 오스트리아에 남고 스웨덴에서는 떠났다(독일 북부 지방에는 지속). 프랑스는 알자스 지역을 얻었다. 루이 14세 시대에 이르러 프랑스는 지정학적으로 지배적 위치에 놓였다. 향후 유럽에서 일어난 전쟁은 종교보다 민족주의 때문이었다.

네덜란드 동인도회사

네덜란드는 1609년에 합스부르크 왕가로부터 독립한 후 급속하게 상업을 발달시켰고 이내 베니스를 능가했다. 영국의 동인도회사를 본떠 설립한 네덜란드 동인도회사는 오스만제국에 의해 차단된 사치품과 약초에 대한 막대한 수요를 활용했다. 네덜란드는 포르투갈이 동남아시아로 향하는 수송 경로를 위협하자 직접 일본과 무역을 했다. 1667년에 영국·네덜란드 전쟁 이후 네덜란드는 넛메그가 생산되는 작은 섬을 뉴암스테르담(현대의 맨해튼)과 바꾸었다. 네덜란드는 모든 배가 화물의 가치를 최대화하도록 조정했고 위험을 공유하는 공모 주식을 개척했다. 항해 수익이 400퍼센트나 되어 거품경제의 시초가 된 '튤립 파동' 이후에도 투기는 계속되었다. 다른 유럽 국가들이 종교전쟁에 정신 팔려 있을 때 인재들이 네덜란드에 몰려왔다. 개중에는 소수의 귀족과 힘없는 성직자들도 있었다. 네덜란드 황금시대가 저물어 갈 무렵 투기 관행은 어느 시장에나 깊이 박혀 있었다.

/ Dutch East India Company

삼각무역

아메리카에는 유럽과 접촉하기 전부터 노예가 있었지만 대개는 전쟁 포로였고 자녀들은 풀어 주었다. 콜럼버스는 페르디난트와 이사벨의 후원으로 떠난 항해에서 아메리카 원주민을 노예로 데려왔고, 에스파냐 정복자들은 현지인들을 강제 노동에 동원해 엄청난 사망자를 발생시켰다. 포르투갈은 이미 대서양 제도의 아프리카 노예들을 부리고 있었고 노예제도를 빠르게 확산시켰다. 수입된 노예의 40퍼센트 이상(약 1,000만 명, 항해 도중에 아프리카에서 저항하다가 목숨을 잃은 이들은 더 많았다)이 브라질의 농장으로 보내졌다. 버지니아의 담배 작물은 영국인 연한계약 이민노동자를 뛰어넘는 노동력을 필요로 해서 그런 식민지에서도 노예제도를 받아들였다. 결국 다음과 같은 무역 패턴이 생겨났다. 제품을 싣고 영국이나 네덜란드를 출발한 배들이 아프리카에서 노예와 교환했다. 노예를 실은 배들이 아메리카로 갔다. 노예와 교환한 사탕수수 같은 원료를 유럽으로 들여와 상품을 만들었다. 뉴잉글랜드의 무역 상인들도 합류했지만 배들이 위의 삼각형 구도로 항해하는 일은 드물었다.

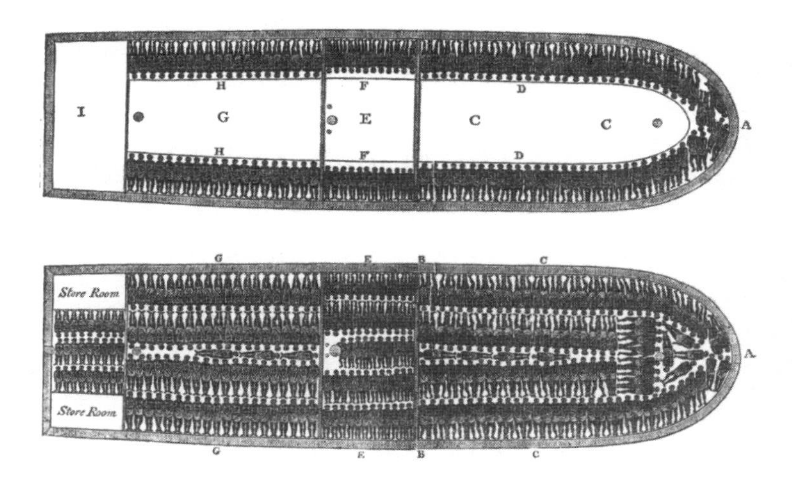

노예선에 노예들이 실린 모습을 보여 주는 현대 삽화. 인간 화물들은 족쇄가 채워져서 오랜 항해 동안 거의 움직일 수 없었다.

청교도주의

개신교 근본주의의 한 형태인 청교도주의는 취리히에서 생겨나 스코틀랜드로 전파되었고 (장 칼뱅이 체계화한다) 그 후 잉글랜드로 퍼졌다. 청교도주의의 급진적 교리와 불균형한 영향력으로 17세기 유럽에서 일어난 사건이 천년왕국 운동이다. 개신교는 개인과 신의 중재가 타락했다고 믿었고 성직자와 도상학, 의식을 몰아냈다. 청교도들은 1666년에 심판의 날이 올 것이라고 믿으며 가톨릭을 '이단'으로 간주하고 용인하지 않으려는 경향이 대부분의 개신교도보다 강했다. 청교도는 영국 내전에서 의회파 군대를 통해 전파되었고 찰스 1세의 처형은 『성경』의 예언을 따르는 것이라고 여겼다.

청교도 분파인 '퀘이커교'는 환각에 빠질 정도로 담배를 많이 피웠고 가톨릭 테러리스트들보다 더 큰 위협으로 간주되었다. 일부는 요구가 받아들여지지 않자 잉글랜드를 떠났고 관대한 암스테르담과도 멀어졌다. 그들은 메이플라워호를 타고 대서양을 건넜다. 안전한 항해가 신세계에 자신들의 의지를 실행하라는 허락이라고 해석했다.

영국연방 시대에 크리스마스 축하를 금지하는 청교도를 풍자한 만화.

크리스티나 여왕

스웨덴 구스타브 아돌프 2세의 유일한 자녀였던 크리스티나는 1632년 고작 여섯 살에 왕좌에 올랐다. 나중에 그녀는 (비록 스웨덴에 만족스러운 조건은 아니었지만) 아버지의 목숨을 빼앗아 간 30년 전쟁을 종식시킨다. 그녀는 보헤미아의 루돌프 2세를 따라 데카르트 같은 철학자, 예술가, 과학자, 학자들을 가까이했다. 호기심이 강했던 그녀는 국교인 루터교에서 가톨릭교로 바꾸었지만 가톨릭에서도 결함을 발견했다. 이로 인해 그녀는 스스로 퇴위하고 카를 10세가 왕위에 올랐다.

여왕 자리에서 물러난 그녀는 머리를 짧게 자르고 남자 옷을 입고 유럽 서부를 여행하면서 제자를 모으고 지역의 유력 인사들과 접촉했다. 그녀는 나폴리의 여왕이 되려고도 했지만 에스파냐와 프랑스가 저지했다. 그녀는 영향력이 있었고 학식이 매우 뛰어나서 각국에서도 그녀의 존재를 진지하게 받아들였다. 루이 14세가 낭트 칙령을 폐기하자 친분이 있던 교황 클레멘스 10세에게 청원서를 냈다. 크리스티나 여왕은 바티칸에 묻힌 세 여성 중 한 명이다.

/ Queen Christina

커피 하우스

커피를 마시거나 커피 하우스를 만남의 장소로 사용하는 습관은 1475년경 콘스탄티노플에서 시작되었고 상인들을 통해 퍼졌다. 1650년대에 올리버 크롬웰이 유대인이 잉글랜드로 돌아올 수 있도록 허용한 후 커피 하우스는 곧 옥스퍼드와 런던에도 문을 열었다. 왕정복고 시대인 1660년대에 약 3천 곳이 운영되어 정보와 상업, 이견의 중심지가 되었다. 증권거래소, 경매 회사, 보험중개인은 커피 하우스에 기원을 둔다. 신문과 풍자 팸플릿, 정당정치, 잉글랜드 은행, 남해 포말 사건도 마찬가지다.

오스만제국과 합스부르크의 전쟁으로 빈도 커피에 푹 빠졌다. 크림과 설탕을 더하고 페이스트리를 함께 먹는 것도 여기에서 시작되었다. 프랑스도 곧 유행을 따라잡았고 계몽운동도 커피 문화가 가져온 결과라고 할 수 있다. 커피콩과 설탕 무역은 '삼각무역'의 경로를 바꾸었고 아이러니하게도 영국에서는 커피에 이어 차가 유행하게 되었다. 다른 지역에서는 커피의 인기가 여전했다.

쇄국령

유럽인은 1500년대에 배로 극동 지역까지 갔고 선교사와 상인들은 일본과 친밀한 접촉을 했다. 당시 일본은 배타적이지 않고 외향적이었다. 일본의 신도는 가톨릭 의식과 공통점이 있었지만 조상의 정령을 내재적 힘으로 보는 것은 천국과 지옥의 개념에 어긋났다. 도쿠가와 이에야스는 1600년에 세키가하라 전투에서 승리하고 일본을 통일해 도쿠가와막부 시대를 열었고 이는 19세기까지 계속되었다. 외부 영향에 대한 불신은 기독교도에 대한 박해로 이어졌지만 포르투갈 상인들과의 무역은 1635년 쇄국령이 선포되기 전까지 계속되었다. 쇄국령으로 기독교가 금지되고 네덜란드 동인도회사를 제외한 해외무역이 중단되었다. 그 후에도 쇄국정책이 계속 이어지다가 1858년에 미국 페리 제독의 내항으로 일본은 다시 개국하게 되었다. 한편 예수회는 1715년 교황 클레멘스 11세가 가톨릭이 불교 사상과 어긋난다고 발표하기 전까지 강희제 집권 시기 중국에서 환영받았다.

/ Sakoku Edict

오랫동안 이어진 쇄국령을 선포한
도쿠가와 이에미쓰.

루이 14세

태양왕으로 불리는 루이 14세는 프랑스의 국가 관료주의를 재편하고 막대한 자금을 들여 베르사유궁전(이곳에서 무수히 많은 귀족이 아첨했다)을 지었고 수확이 있는 전쟁을 여러 차례 치렀다. 그에게 마지막이자 가장 큰 재앙이었던 전쟁은 에스파냐 왕위 계승 전쟁이다. 프랑스는 합스부르크 왕가의 카를로스 2세가 후세를 남기지 못하고 죽은 후 루이 14세의 손자 필리프를 에스파냐 왕에 앉히려고 유럽 여러 나라와 전쟁을 치렀다.

네 살에 왕위를 물려받은 루이 14세는 귀족들이 일으킨 프롱드의 난을 겪었고 영국의 찰스 1세가 왕권신수설을 신봉하다 처형당했음에도 왕권신수설을 절대적으로 신봉했다. 화려한 생활도, 유럽 전역에서의 종교전쟁도 가톨릭에 대한 그의 공격적인 태도를 누그러뜨리지 못했다. 그가 16세기 말에 선포된 종교의 자유를 인정하는 낭트 칙령을 철회했고 약 20만 명의 개신교도가 프랑스를 떠났다. 국가의 중앙집권화는 7년 전쟁 전에 프랑스의 식민지를 방해했다.

표트르 대제

표트르 1세가 10세에 즉위할 무렵 제정러시아는 착실히 발전한 상태였다. 시베리아를 점령한 지 얼마 되지 않았지만 러시아는 부르주아나 사회적 기반 시설이 없는 봉건주의였다. 표트르는 신분을 숨기고 서유럽을 여행하면서 러시아의 개혁을 위해 기술 전문가들을 고용하고 서쪽으로 관심을 옮겼다.

그는 모스크바 대신 상트페테르부르크(스웨덴으로부터 손에 넣은 발트해의 작은 항구도시)를 수도로 삼았다. 페르시아(콘스탄티노플 조약으로 러시아는 페르시아 남부를 손에 넣었다)를 제외하고 표트르가 일으킨 가장 큰 물리적 충돌은 스웨덴과의 북방전쟁Great Northern War이었다. 훌륭한 군사전략가였던 스웨덴의 칼 12세가 전투에서 사망하면서 러시아는 발트 해의 육로와 바다에 대한 통제를 굳혔다. 또한 표트르는 조세제도를 개혁하고 행정조직을 신설했다. 음모를 걱정해 아들 알렉세이 페트로비치를 처형한 뒤에 그의 아내 예카테리나가 왕위에 올라 러시아 역사상 최초의 여제가 되었다.

/ Peter the Great

뉴커먼의 대기압기관

고대 그리스인들은 여러 가지 증기 장치를 발명했지만 대개는 전시용이었다. 로버트 보일이 1662년에 발표한 가스의 압력과 부피, 온도의 상관성에 대한 연구는 1710년경에 증기를 산업에 최초로 적용할 수 있는 토대를 마련했다. 토머스 뉴커먼이 발명한 기관은 광산에서 물을 뽑어 올려 축축한 석탄에서 배출되는 독성과 폭발성 있는 메탄가스를 줄이는 기계였다.

그 전의 디자인은 증기 응결을 직접 이용해 물을 이동시키는 방식이었다. 뉴커먼은 실제 경험을 통해 증기가 포함된 공간이 냉각되면 반대편의 하방 기압에 의해 축을 중심으로 피스톤이 위로 들려지는 장치를 설계했다. 그 후 모델들은 충분히 강력하고 예측 가능하게 설계되어 약간의 관리만으로 사용 가능했다. 뉴커먼의 회사는 50년 동안 유럽에 수백 개의 펌프를 판매했다. 깊은 곳까지 안전하게 석탄 채굴이 가능해지면서 강철 생산이 늘어나 증기 동력이 더욱 활발하게 사용되었다.

/ Newcomen's atmospheric engine

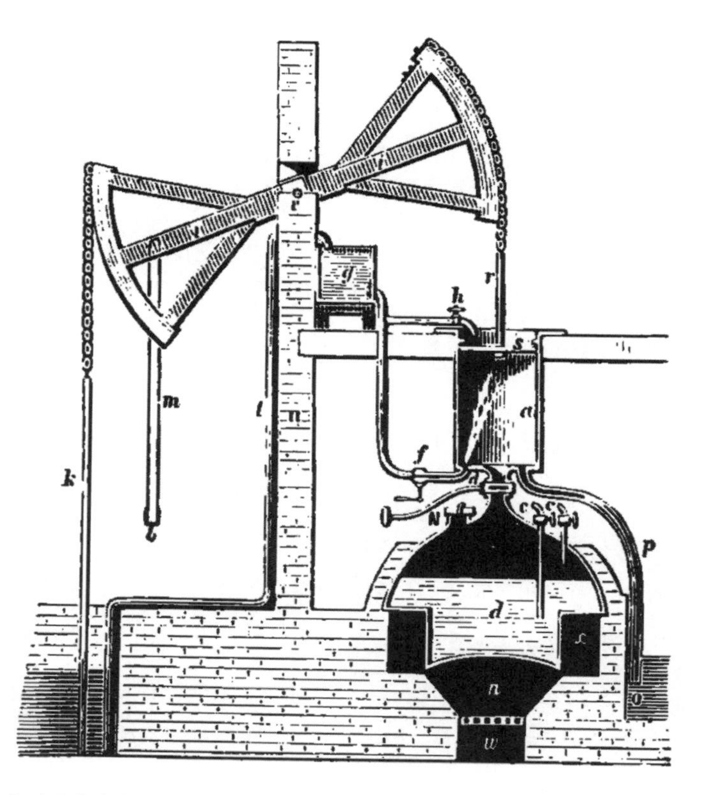

뉴커먼의 대기압기관. 오른쪽에 보일러실과 증기 피스톤이 있고 왼쪽에는 펌프 장치가 있다.

아샨티 왕국

오늘날 가나에 해당하는 지역은 선사시대 이후로 사람이 계속 거주했지만 그곳의 대표적인 아칸족Akan은 지난 천 년에 이동해 온 듯하다. 포르투갈의 항해자들이 15세기에 도착했을 때 여러 왕국이 이미 무역을 하고 있었다. 가나는 미네랄이 풍부해서('황금 해안') 특히 '삼각무역'이 시작되자 유럽 여러 나라가 이곳의 지배권을 두고 다투었다. 해안의 아프리카인들은 내륙의 아프리카인들을 노예로 제공해 큰 대가를 받았다.

아샨티 왕국은 17세기에 오세이 투투Osei Tutu의 지도 아래 강력해졌다. 오세이 투투는 황금 의자Golden Stool를 권력의 상징으로 내세우고 통일 운동을 주도했다. 총으로 무장한 아샨티 왕국의 군대는 서구 세력을 무찌를 정도로 강했다. 아샨티 왕국의 부를 탐낸 영국은 몇 차례 전쟁 끝에 1902년 피보호국으로 삼았다. 가나는 1957년에 독립과 함께 아프리카 국가와 이전 식민지 지배 국가 사이의 새로운 관계를 알렸다(p.374). 오늘날 가나는 안정적인 입헌 민주주의국가다.

/ Ashanti empire

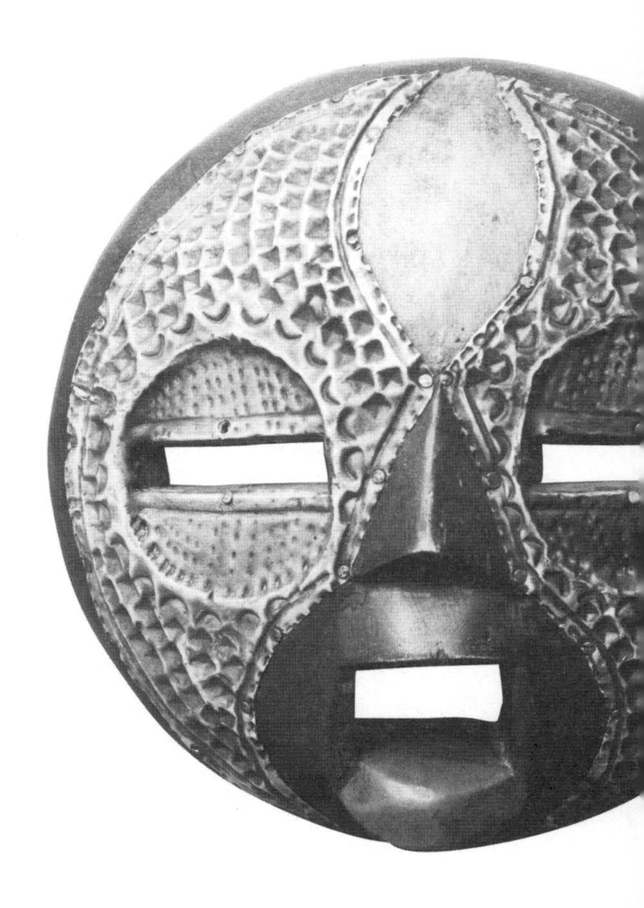

남해 포말 사건

믿을 만한 데이터가 존재하는 주식시장의 첫 번째 인플레이션과 급락 주기를 보면 현실과 대중적 믿음을 비교할 수 있다. 동인도회사를 본떠 1711년에 설립된 영국의 남해 회사South Sea Company는 전쟁에서 에스파냐의 조건부 항복이 불가피해 보이자 남아메리카 무역 독점권을 얻고자 했다. 커피 하우스를 통해 정보망이 늘면서 소액 투자자들이 자신 있게 주식을 사들였다. 1720년에는 유권자의 75퍼센트가 주식을 보유했다(주주의 12퍼센트는 여성이었다).

경솔한 모험을 통제하는 법률이 남해 회사에 대한 신뢰를 높였다. 처음 9년 동안에는 배당금이 10배로 늘어났지만 회사가 어려움에 처했다는 소문이 이어지면서 1720년 8월에는 주가가 절반으로 떨어졌다. 뒤늦게 투자한 사람들은 거액을 잃었다. 그해 12월이 되자 주가는 6월의 20퍼센트 수준밖에 되지 않았고 1월에는 약간 올랐다. 하지만 대부분의 사람이 손을 뗀 상태였다. 투자에 직접 참여했던 작가들이 그 폐해를 알렸다. 이 전형적인 거품경제는 영국의 법을 바꾸었고 경제학 연구에도 영향을 끼쳤다.

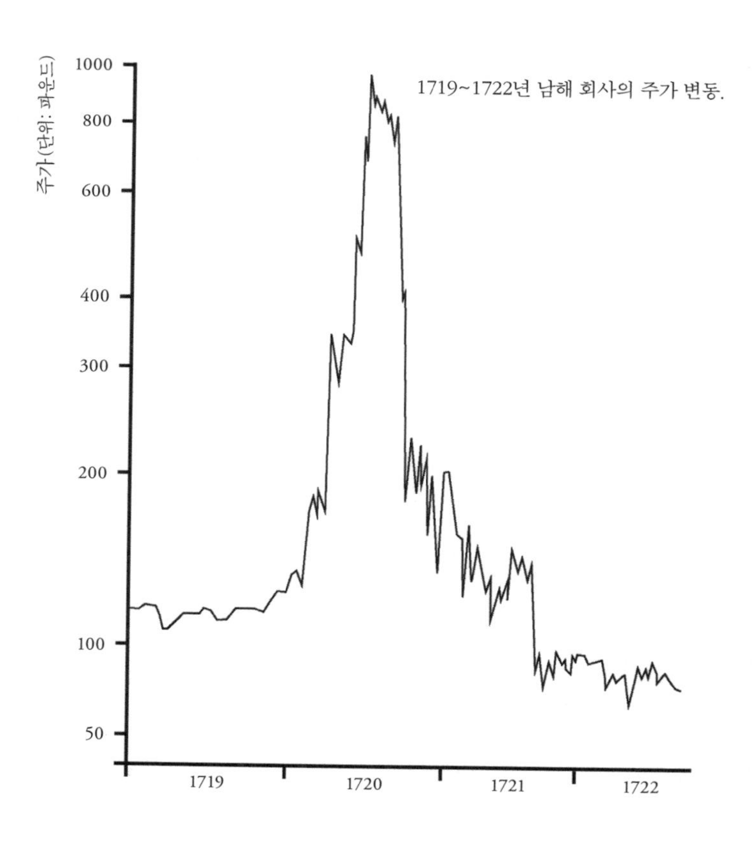

1719~1722년 남해 회사의 주가 변동.

나디르 샤

1688년 소작농 가문에서 출생한 나디르는 어릴 때 우즈베크족에 의해 노예로 팔려 갔다. 용병 시절, 페르시아의 반대 세력인 아프간 군대에 합류했으나 급여가 끊기자 그만두었다. 아프간이 사파비왕조를 정복하고 굴욕을 주자 나디르는 페르시아에 합류해 아프간과 반대편에 섰다. 타흐마스프 2세가 페르시아의 샤가 되었지만 실권은 나디르에게 있었다. 그는 카불까지 아프간을 침략한 다음, 무굴제국을 무너뜨리고 델리를 점령했다. 그가 손에 넣은 공작 왕좌Peacock Throne는 아야톨라 전까지 페르시아 권력의 상징이 되었다. 1732년에는 타흐마스프를 몰아냈고 1736년 샤가 되어 페르시아를 수니파 이슬람으로 되돌렸다.

나디르는 오스만제국과 러시아를 공격하고 해군을 조직해 오만과 바레인을 점령했으며 군대를 동원해 조세를 강화했다. 그는 (살해 위협을 받은 후 더더욱) 편집증이 심해졌고 1747년 휘하의 장군에게 참수당했다. 제국은 파벌 싸움으로 혼란에 빠졌고 아프가니스탄은 국가가 되었다.

/ Nadir Shah

콘스탄티노플 조약

표트르 대제가 추구한 목표 중 하나는 흑해와 카스피 해의 주도권을 장악해 오스만제국이 지중해 접근을 막지 못하도록 하는 것이었다. 페르시아왕조는 약했고 (나디르 샤는 내전 이후에야 권력을 잡았다) 러시아·페르시아 전쟁(1722~1723)은 러시아의 승리로 끝났다. 다음 해 오스만제국은 콘스탄티노플 조약에 동의했다.

실질적으로는 큰 의미가 없었다. 1732년 라슈트 조약은 페르시아에 많은 영토를 안겨 주었다(러시아가 오스만제국에 대한 완충장치 역할을 해 주었다). 러시아는 18세기가 끝날 때까지 페르시아를 공격하지 않았다. 이는 러시아의 중동 진출 방식을 보여 주는 첫걸음이었다. 1763년 이후 영국이 인도를 장악하면서 그곳은 지정학상 영국과 러시아의 '그레이트 게임Great Game'의 한복판이 되었다. 나폴레옹이 권력을 잡으면서 상황은 복잡해졌다. 영국은 페르시아가 러시아와 인도 사이에서 완충 역할을 해 주기를 원했지만 반프랑스 동맹에 합류한 상태에서는 러시아의 경쟁자들을 직접 지원할 수 없었다.

흑해 주변을 나타내는 이 지도는 크림반도와 오스만제국의 이스탄불이 러시아의 해상 접근에 얼마나 중요한지 보여 준다.

강철

철과 탄소의 합금인 강철은 오래전부터 있었는데 프라하의 병기 제작자들이 탄소를 조금씩 더해 좀 더 효과적인 제작 방법을 개발했다. 바실 브룩 경은 자신의 방법으로 1620년경에 잉글랜드에 강철을 소개했다. 대규모 철기 제품 제작은 18세기 후반 영국 산업혁명의 주요 신기술이었다.

철광석의 불순물을 제거하고 탄소를 더하는 데는 전통적으로 숯을 사용했는데 뉴커먼에 의해 채광의 경제성이 높아지자 코크스(정제 석탄)을 사용하게 되었다. 상세한 측정과 등급 분류가 가능해져서 하위 등급의 철광석으로 다리와 철로, 심지어 배까지 만들 수 있었다. 스웨덴의 품질 좋은 철광석과 1740년대 대형 도가니의 등장으로 강철 생산은 경쟁이 치열해졌다. 화학의 발전으로 순산소를 이용하면 주철에서 과도한 산소와 실리콘을 제거할 수 있음이 밝혀졌다. 1855년에 헨리 베서머 경이 제련 과정 내내 아래쪽에서 공기를 분사하는 거대한 요람처럼 생긴 전로를 만들었다.

베서머가 만든 전환 장치는 아래쪽에서 산소를 보내 (나중에는 순산소) 불순물을 태워서 고강도의 철을 생산한다.

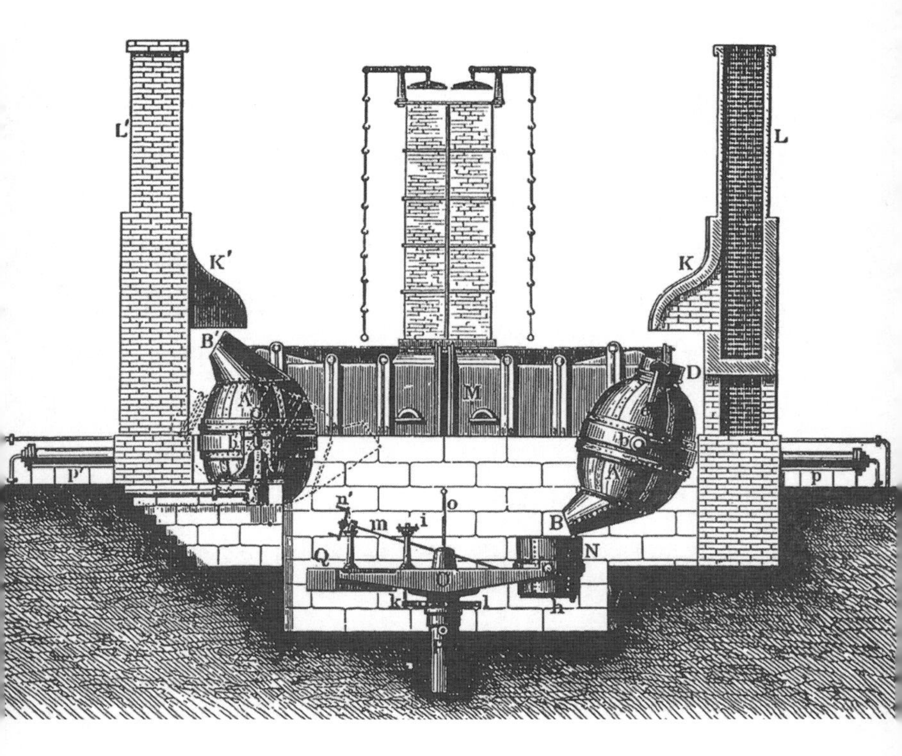

7년 전쟁

1756~1763년에 일어난 7년 전쟁은 유럽뿐 아니라 그들의 식민지까지 가세한 최초의 세계 전쟁이라고 할 수 있다. 합스부르크의 마리아 테레지아Maria Theresa는 오스트리아 왕위 계승 전쟁(1740~1748)을 치르고 오스트리아의 왕위를 손에 넣었지만 프리드리히 대왕 치하 독일의 프로이센에 부유한 슐레지엔을 잃었다. 오스트리아와 러시아, 프랑스는 영국·프로이센 동맹과 전쟁을 벌였다.

북아메리카에서 프랑스는 확실한 관계를 맺고 있던 북미 원주민과 동맹했다. 젊은 조지 워싱턴 장군은 게릴라전술을 이용해 맞섰고 영국의 식민주의자들은 에스파냐가 차지한 곳을 제외한 프랑스 영토 대부분을 함락시켰다. 인도에서도 프랑스는 식민지를 잃었다. 그러나 프로이센은 거의 붕괴 직전이었고 그때 독일 태생의 차르, 표트르 3세가 러시아 군대를 철수하고 평화조약을 제안했다. 유럽의 국경선에는 변함이 없었다.

/ Seven Years' War

예카테리나 여제

1762년부터 1796년까지 러시아를 다스린 예카테리나 2세는 유능한 정복자이자 통치자이자 박식가였다. 1729년 독일 왕가에서 태어난 그녀는 표트르 3세와 결혼했다. 표트르 3세는 러시아에서 가장 인기 높은 군주 옐리자베타(표트르 대제의 딸로 그의 개혁을 이어 나가고 7년 전쟁에서 프러시아를 거의 격파했다)의 후임자였다. 역시 독일인이었던 그는 프로이센과 평화조약을 맺었지만 얼마 후 살해당했다. 그 후 아내 예카테리나가 권력을 잡았다. 그녀의 남편은 러시아 동방정교회가 있는 영토에 대한 소유권을 주장했는데 예카테리나는 그 주장을 실행해 나가는 한편 법률을 정비했다. 오스만제국과의 전쟁에서 러시아는 크림반도와 흑해 항구, 우크라이나를 얻었다. 또한 여러 차례에 걸친 폴란드 분할로 상당한 영토를 손에 넣었다.

예카테리나는 문화와 프랑스 계몽운동의 이상理想을 후원했다. 직접 천연두 백신을 접종해 홍보했고 볼테르와 서신을 교환했고 풍자, 동화, 회고록 등 활발한 저작 활동을 했다. 죽음을 앞두고는 러시아 역사를 집필했다.

/ Catherine the Great

리스본 지진

1755년 11월 1일, 포르투갈의 리스본은 지진과 쓰나미, 화재가 몰고 온 폐허로 휩싸였다. 이 사건은 오늘날 재앙이 닥쳤을 때 정부가 펼치는 구조 작전과 비슷한 대응을 보인 최초의 사례였다(1666년 런던 대화재 때는 대중의 자발적 대응과 보험 회사들의 조치가 있었다). 당시 정부를 통제했던 폼발 후작Marquess of Pombal은 군대를 소집해 폭동을 최소화했다. 화재 진압과 전염병을 막기 위해 바다에 사체를 집단 매장하고 사후에 과학적 설문조사와 분석이 신중하게 진행되었다.

리스본 지진이 계몽 시대 유럽에 끼친 영향은 상당했다. 막대한 인명 피해는 자기 성찰을 가져왔다. 볼테르는 이것이 '가능한 모든 세계 중에서 최선의 세계인가'를 자문하는 『캉디드』를 썼다. 칸트는 철학 대신 지리학 연구로 잠깐 관심을 돌렸다. 리스본은 내진 설계된 건물들로 재건되었으나 막대한 손실과 비용이 들어 포르투갈의 제국주의 팽창은 막을 내렸다.

/ Lisbon earthquake

사우드 왕가

1744년에 무함마드 이븐 사우드는 정통 수니파 지도자 무함마드 이븐 압드 알와하브와 동맹을 맺고 오늘날의 사우디아라비아에 독립적인 신정정치 체제를 수립했다(알와하브 가문은 오늘날까지도 사우드 가문과 동맹을 맺고 있다. 한쪽은 정치, 한쪽은 종교에 몸담고 있다). 이론상으로는 오스만제국(당시 러시아와의 계속된 전쟁으로 약해졌다)의 일부였지만 튀르크가 1818년에 영토를 재탈환했다. 그때도 사우드 왕가는 다시 국가를 세웠다. 1891년 경쟁자이자 오스만제국에 호의적인 알라시드 가문이 그들을 쫓아내 큰 싸움이 일어났다. 제1차 세계대전 때 오스만제국을 와해하려던 영국(특히 아라비아의 로렌스)은 사우드가가 경쟁자를 무너뜨릴 수 있도록 도와주었다. 압둘라지즈 왕이 사우디아라비아를 통일하고 1932년 왕국을 선포했다. 이란과 바레인에서 대규모 유정이 발견되자 그는 소유권을 가지고 협상에 들어갔고 스탠더드 오일의 탐사를 허가했다. 사우드가는 석유를 통한 부의 축적과 이슬람 성지 메카(사진)와 메디나 덕분에 아랍의 거물이 되었다.

계몽사상

유럽의 계몽주의 운동에는 두 가지 기둥이 있다. 미신보다 이성을 중시하는 것, 숭고함(아름다움, 자연, 그 밖의 절대적인 것)을 마주했을 때의 행복감과 겸허함이다. 전자는 환원주의로, 후자는 낭만주의(플라토닉하고 반물질적인 예술적 사상)로 흘렀다. 계몽주의 운동은 파리와 에든버러, 바이마르에서 시작되어 런던과 뉴잉글랜드로 퍼졌다. 여러 면에서 계몽주의는 르네상스 인문주의를 완성했고 루터의 종교개혁을 이끌면서도 반박했다.

체계를 구축하는 것이 두드러진 특징이었으니, 모든 지식을 28권으로 압축한 디드로의 『백과전서』에는 초기의 계몽주의 사조가 잘 드러난다. 그 밖에도 루소의 『사회계약론』, 미국의 독립선언문이 계몽 시대의 대표 작품이다. 애덤 스미스, 그리고 카를 마르크스와 지크문트 프로이트는 과학적인 법칙을 인간사에 적용하려고 했다. 공포정치, 스탈린의 대숙청, 유대인 대학살은 모두 계몽주의적 가치를 앞세운다. 인권과 노예제도 폐지론, 보통선거 또한 마찬가지였다.

진리에서 과학적 지식이 내려오는 모습 등 무수히 많은 알레고리를 보여 주는 『백과전서』의 권두 삽화.

공장

제직weaving은 수세기 동안 문자 그대로 가내수공업으로서 농부와 노인의 추가 수익원이었다. 하지만 그 과정을 한 사람이 하루 종일 할 수 있는 작고 반복적인 일로 나눔으로써 리처드 아크라이트와 같은 사람들이 18세기 영국에 특별한 목적이 있는 공장이라는 아이디어를 발전시켰다. 아크라이트는 노동자들에게 주급을 제공했고 노동시간을 엄수하라고 했지만 경험 많은 노동자들은 기계가 자신들의 생계 수단을 파괴한다고 저항했다. 잉글랜드 북부 강가에 위치한 그의 공장은 물레방아로 기계를 움직였고 대규모로 원단을 생산했다. 증기기관 덕분에 비숙련 노동자가 있는 곳이면 어디든 역직기 같은 대량생산 기계를 도입했다.

이 새로운 방식은 영국 무역의 비밀이었다가 새뮤얼 슬레이터Samuel Slater가 1789년에 미국으로 이주하면서 전파되었다. 그는 로드아일랜드에 미국 최초의 섬유 공장을 세웠다. 미국에서도 북부가 방직업에 적합했다. 한편 남부는 노예가 노동 집약적으로 수확하는 목화를 중심으로 한 경제를 건설했다.

/ Factories

독립선언문

영국의 식민지 세금 부과에 따른 미국의 분노는 1773년에 보스턴 차tea 사건을 일으켰고 ('대표 없으면 세금도 없다') 그 여파는 이내 렉싱턴 전투와 콩코드 전투로 이어졌다. 보스턴이 포위되면서 본격적으로 전쟁이 일어났다. 1년 후 미국 대륙회의에서 독립이 유일한 해답이라고 결정했다. 1776년 7월 2일 서류에 서명하면서 13년간의 식민 지배가 공식적으로 막을 내렸다.

토머스 제퍼슨이 독립선언문 초안을 작성했고 의회가 수정했다. 영국 활동가 토머스 페인의 베스트셀러 『상식』은 독립에 대한 논쟁을 기술해 큰 인기를 끌었다. 심지어 영구적인 의회에 대한 아이디어를 제공하기도 했다. 일시적인 헌법 역할을 수행한 「연합규약」은 당시의 문제에 대처하기 위해 고안되었다. 동떨어진 법을 비난하고 국가를 세울 자격을 주장하는 독립선언문에는 매우 상징적인 힘이 담겼고 수많은 국가에 본보기가 되었다.

/ The Declaration of Independence

IN CONGRESS, JULY 4, 1776.

The unanimous Declaration of the thirteen united States of America,

When [illegible]

John Hancock

농업혁명

1750년에 이르러 영국에는 이용 가능한 경작지가 늘어났는데 부분적으로 네덜란드의 배수 시설 덕분이었다. '인클로저' 3세기 동안 농지는 소수의 사람들에게 집중되었고 농부들은 선발 육종selective breeding이나 돌려짓기 같은 개념을 홍보하는 정기간행물을 구독했으며 클로버와 콩류, 뿌리채소를 재배해 토양에 질소를 공급했다. 감자는 필수 작물, 순무는 현금 작물이 되었고 농가의 부속 건물에 사일리지(silage, 가축의 겨울 먹이로 말리지 않은 채 저장하는 풀. 옮긴이)를 저장했다. 1710년에서 1795년 사이에 가축의 평균 무게는 두 배로 증가했다.

농업에서 필요한 노동력이 감소하자 산업혁명이 비숙련 노동자들을 흡수했다. 산업화는 새로운 기계와 강철로 만든 농기구로 농업에도 큰 도움을 주었다. 1850년에 영국의 인구는 1,660만 명이었는데 농업인구 비율은 그 어느 때보다 낮은 22퍼센트였다. 영국은 경제와 군사 부문에서 대표적인 강대국이 되었다. 다른 국가들도 영국의 사례를 따랐지만 단기적 결과를 내는 데 그쳤다〔pp. 326, 330〕.

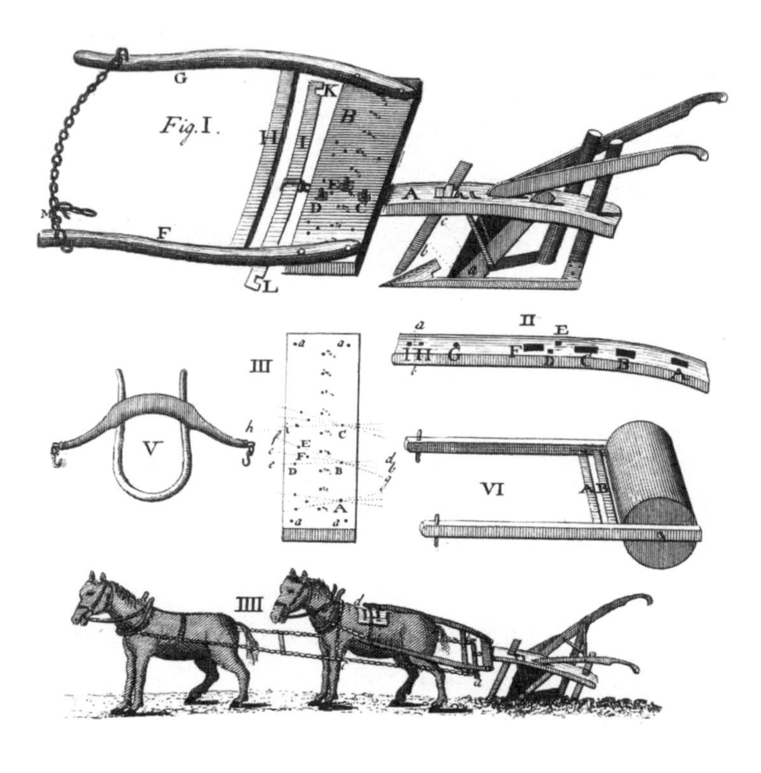
Fig. I.
G
F
H
I
K
B
A
L
II
III
IIII
V
VI

쿡과 오스트레일리아

오스트레일리아에는 4만 년 전부터 사람이 거주했고 18세기에 원주민 인구는 100만 명 가까이 되었다. 언어도 수백 가지이고 정교한 종교에 대한 믿음과 오늘날까지 이어지는 페인팅 전통이 있다. 1605년 네덜란드 동인도회사의 빌럼 얀스존Willem Jansz 총독이 서해안에 도착했는데 신대륙을 발견한 사실을 알지 못했다.

영국의 제임스 쿡 선장은 아직 탐사하지 않은 태평양으로 3년간의 항해를 떠났다. 그의 탐험대는 방대한 양의 과학적 자료를 수집했다. 쿡이 타히티에 들렀다가 빵나무breadfruit 열매를 처음 접한 사실은 유명한 바운티호의 항해를 자극했다. 쿡은 감귤류 과일이 괴혈병을 막아 항해의 성공률을 높인다는 사실을 발견했다. 1770년에 그는 한때 이론에 불과했던 테라 아우스트랄리스Terra Australis에 정박해 해안 지도를 그리고 보터니 만Botany Bay이라고 이름 붙였다. 약 18년 후 버지니아에서 더 이상 죄수들을 수용할 수 없게 되자 영국은 시드니를 범죄자 식민지로 만들었다. 원주민들은 참혹한 학대로 고통 받았다.

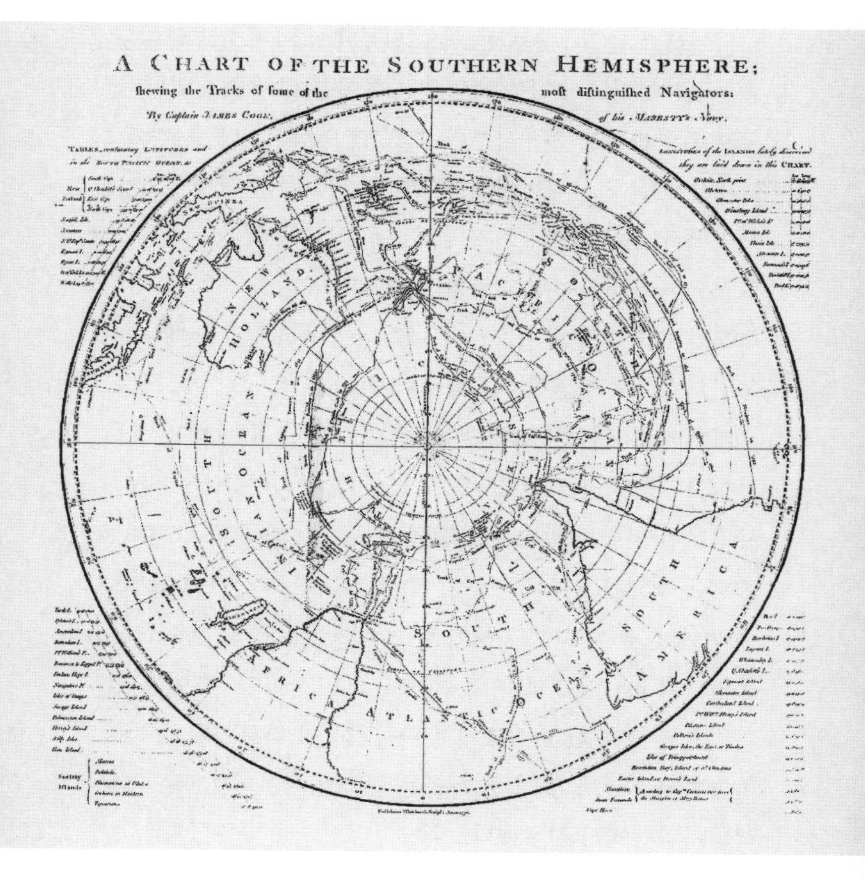
A CHART OF THE SOUTHERN HEMISPHERE;
ſhewing the Tracks of ſome of the most diſtinguiſhed Navigators:
NEW HOLLAND
SOUTH INDIAN OCEAN
PACIFIC
AFRICA
ATLANTIC OCEAN
SOUTH AMERICA

티푸 술탄

하이데르 알리Hyder Ali는 인도 남부에서 마이소르 군대의 총사령관이었고 술탄이 되어서는 큰아들 티푸를 군인이자 학자로 만들려고 훈련시켰다. 1767년 16세의 티푸는 첫 군대를 이끌고 말라바르를 통치하는 가문을 포획했다. 하이데르 알리와 프랑스의 동맹으로 그는 영국을 의심하게 되었고 마드라스에서 영국을 무찌르고 조약을 맺었다. 하지만 1771년에 마이소르가 마라타에 공격받았을 때〔p.226〕 동인도회사는 지원할 의무를 미루었다.

하이데르는 동인도회사를 주적으로 보고 두 번째 전쟁을 시작했다(1780~1784). 그가 1782년에 죽자 티푸는 로켓을 무기로 사용하는 방법을 고안해 교착 상태를 뚫고 망갈로르 조약을 맺었다. 하지만 프랑스혁명으로 외부 지원이 없었던 세 번째 전쟁(1789~1792)에서 티푸의 아들들이 인질로 잡히고 동인도회사는 예전보다 더 큰 영토를 차지했다. 네 번째와 마지막 전쟁 또한 이집트에서 나폴레옹이 맘루크에게 막히면서 차질을 빚었다. 티푸는 끝까지 싸우다 1799년 5월에 세링가파탐에서 전사했다.

영국의 제임스 길레이가 그린 만화. 1791년에 영국이 세링가파탐에 있는 티푸의 성채에서 후퇴하는 모습을 풍자했다.

타이

아유타야왕국은 14세기에 건설되어 17세기까지 유럽에 고립주의적인 태도를 취했지만 지역 전쟁에는 다수 휘말렸다. 1767년에는 버마에 포위당하고 수도가 파괴되었다. 딱신Taksin 왕은 샴 왕국을 다시 건설했지만 1782년 왕위에서 쫓겨났다. 통 두앙Thong Duang 장군이 (현존하는) 짜끄리왕조를 열고 라마 1세가 되어 새로운 수도 방콕을 세웠다.

19세기에 동남아시아에 대한 유럽의 지배가 심화되었다. 짜끄리왕조는 조심스럽게 서구화를 추구했고 나폴레옹 3세와 빅토리아 여왕 모두의 환심을 사려고 했다. 라마 5세는 철도 건설, 노예제도 폐지 등 개혁을 추진한 것으로 유명한데, 영국인 유모가 그의 회고록을 썼다. 대공황으로 나라가 불안정해지면서 왕가는 힘을 이양해야만 했다. 군대가 통치권을 쥐었고 나라 이름을 타이로 바꿨다. 제2차 세계대전 당시 일본이 침략하기 전까지는 중립을 유지했다. 군사독재가 계속되는 중에도 인도차이나전쟁에는 대체로 휘말리지 않았다.

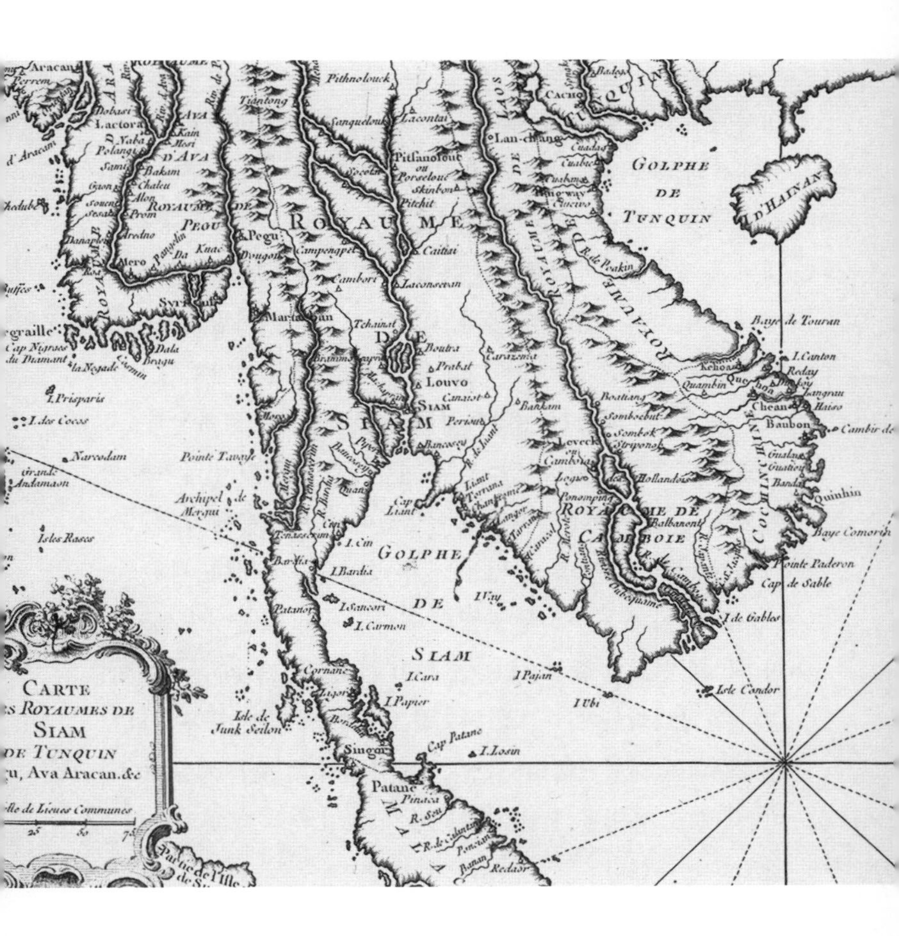
Carte
s Royaumes de
Siam
de Tunquin
u, Ava Aracan. &c
lle de Lieues Communes
25
50
75
Royaume de Siam
Golphe de Tunquin
I. D'Hainan
Golphe de Siam
Royaume de Camboie
Royaume de Laos
Cochinchine
Royaume d'Ava
Royaume de Pegu
Aracan
Pithnolouck
Tiantong
Sanquelouk
Lacontai
Lan-chang
Pitsanolouc ou Porselouc
Skinbon
Pitchit
Cacho
Pegu
Dougon
Campengpet
Caitiai
Cambori
Laconsevan
Martaban
Tchainat
Boutra
Prabat
Louvo
Canaiot
Siam
Perioua
Bancocq
Bankam
Cap Liant
Mergui
Archipel de Mergui
Tenasserim
R. Tenasserim
Bardia
I. Bardia
I. Cin
I. Sancori
I. Carmon
Patanor
Cornane
Ligor
I. Cara
I. Papier
I. Pajan
I Ubi
Isle de Junk Seilon
Singor
Cap Patane
I. Losin
Patane
Pinaca
R. Seu
R. de Calantan
Poncian
Banan
Redaor
Partie de l'Isle de S
I. Prisparis
I. des Cocos
Narcodam
Grande Andamaon
Isles Rases
Pointe Tavaye
Cap Nigraes du Diamant
la Nogade
Dala
Bragu
Syriam
Lactora
Polangi
Bakam
Chaleu
Alon
Prom
Aredno
Mero
Pangelin
Da
Kuac
Baye de Touran
I. Canton
Reday
Quambin
Chean
Baubon
Cambir de
Gualng
Guatien
Banda
Quinhin
Baye Comorin
Pointe Paderon
Cap de Sable
I de Gables
Isle Condor
Boatiang
Sombocbut
Sombok
Striponok
Loveck ou Camboia
Logo
Ponomping
Hollandois
Balbanont
R. de Camboie
R. de Poakin
Cuadag
Cuabe
Kehoa
Carazema
Bancosoy

마라타전쟁

무굴제국의 힘이 약해지면서, 1674년 마라타족 힌두교 전사들이 서인도 통치권을 손에 넣었다. 그들은 한 세기 만에 아대륙의 대부분을 다스리게 되었고 막강한 해군을 구축했다. 1739년 포르투갈이 격파당하자 영국의 무역 상인들은 공격에 대비해 봄베이(뭄바이)를 요새화했다. 영국 동인도회사가 벵골에서 곡식 재배보다 목화 농사를 강요하는 바람에 1770년에 심한 기근이 들어 200만~1천만 명이 사망했다. 1767년 동인도회사는 마라타왕국과 함께 마이소르왕국과 싸웠고 1775년 마라타왕국 왕위 계승에도 개입해 미국와의 싸움에 투입할 영국 병력이 줄어들었다. 마이소르왕국의 티푸 술탄도 프랑스와 동맹을 맺어 마라타와 싸웠다. 제2차 마라타전쟁(1803~1805)은 웰링턴 공작의 승리로 끝나면서 마라타의 영토가 줄어들었다. 제3차 마라타전쟁(1817~1818)의 결과 동인도회사가 사실상 인도를 다스리게 되었고, 무굴의 관료주의가 채택됐다. 1857년, 부당한 대우에 맞서 힌두교와 이슬람교도 용병들이 일으킨 봉기 이후 영국은 본격적으로 인도를 지배했다.

노스웨스트 인디언 전쟁

7년 전쟁 이후 영국은 아메리카 원주민들을 달래기 위해 애팔래치아 산맥 서쪽 지역에 정착하는 것을 금지했다. 식민지 주민들의 반대가 있었지만 미국독립전쟁을 종결시킨 1783년 파리조약은 그 사안을 완전히 간과했다. 일부 부족이 단결해 새 정부와 협상하기 위해 서부인디언연맹을 결성하고 오하이오 강을 경계선으로 내세웠다. 1785년 미국은 다시 인디언과 전쟁했지만 몇 년 동안 진척이 없었다. 뛰어난 군사전략가인 리틀 터틀Little Turtle이 몇몇 전투에서 미국군을 격파했다. 영국은 암암리에 인디언연맹에 총을 지원했다.

인디언연맹은 1794년 폴른팀버스 전투Battle of Fallen Timbers에서 결정적 패배를 당했다. 이듬해 그린빌 조약Treaty of Greenville을 통해 경계선이 정해졌고 그에 대한 배상이 이루어졌다. 그러나 백인 정착민들은 협의를 깨고 계속 서쪽으로 들어왔다. '눈물의 길Trail of Tears'〔p. 258〕에서 보듯 원주민 부족 간의 동맹, 전쟁, 원주민 영토를 빼앗는 의미 없는 조약 체결이라는 패턴이 이어졌다.

/ Northwest Indian Wars

프랑스 혁명

1788년 프랑스가 파산 직전에 이르자 루이 16세는 새로운 세금을 부과하기 위해 삼부회를 소집했다. 마지막으로 삼부회가 소집되었던 1614년 이후로 제3신분(평민)이 크게 증가했으나 그들의 권한은 여전히 제한적이었다. 제3신분은 삼부회를 국민의회National Assembly라 선언했고 루이 16세에게 헌법 제정을 요구했다. 심각한 인플레이션과 계엄에 관한 소문에 불만스런 시민들은 급기야 1789년 6월에 민병대를 조직한다. 루이 16세는 군대를 소집하지만, 7월 14일 바스티유 감옥 습격 사건으로 상황이 역전된다. 국민의회는 미국 독립선언문과 계몽주의 사상에 기초한 헌법 제정에 착수했다. 새로운 프랑스는 이성과 자유가 이끌게 될 터였다. 달력도 십진제로 바꾸었고 교회 재산의 국유화로 재정난을 완화했다. 하지만 루이 16세는 오스트리아 합스부르크가의 인척들에게 도움을 청했다. 침략을 이유로 헌법은 보류되고 국가긴급권이 도입되었다. 프랑스는 군중의 지배에서 공포정치로 바뀌었다.

/ The French Revolution

화학

17세기에 현미경이 발명되면서 일상적으로 관찰할 수 없던 것을 보게 되자 '자연철학자'들은 물질을 더 이상 쪼갤 수 없는 요소로 정제하는 방법을 찾으려고 했다. 초기 학자들은 시인이자 약제상(이를 낭만주의자들은 계몽주의의 양면성의 전형적인 예로 본다)인 경우가 많았다. 프랑스의 선구적인 화학자 앙투안 라부아지에는 조지프 프리스틀리의 연구에서 힌트를 얻어 수소와 산소를 분리해 이름을 붙였다. 대니얼 러더퍼드는 질소를 발견했다.

18세기 중반부터 실증적 연구자들은 추측이나 견해에서 벗어나 물질세계를 살펴보려고 했는데, 이는 그들 대부분을 정치적 급진주의로 이끌었다. 한편으로 그들은 기업가들과도 긴밀한 동맹을 맺었다. 농업혁명 이후 동식물의 성장에서 화학이 어떤 구실을 하는지 연구되었다. 거기에 금속공학 분야의 성과가 더해지면서 개별 학자들과 수많은 노동자들의 연결 고리가 더욱 강력하고 복잡해졌다.

질소를 합성하는 하버·보슈법Haber-Bosch process(1909)은 비료의 혁명을 가져왔다. 전 세계 식량의 3분의 1이 비료와 관계 있다. 그러나 프리츠 하버Fritz Haber가 발명한 화학무기와 독가스는 유대인 대학살에도 사용되었다. 1890년대 패션을 주도한 아닐린염료는 방향성 메틸에서 개발되었고 그와 동일한 연구를 통해 플라스틱이 탄생했다. 석유에 있는 복합적 탄화수소는 세계에서 주요 연료원이 되었다. 폭발물은 도로 건설에 유용했지만 잠재적 무기이기도 했다. 앨프레드 노벨은 다이너마이트를 발명한 죄책감에 화학과 물리학은 물론이고 문학, 의학, 평화 부문 노벨상을 창시했다. 공장은 여성이 큰 비중을 차지하는 수많은 비숙련 노동자를 고용해 매일 생명을 위협하는 환경에서 생필품을 생산했다. 노동자들은 성냥 공장에서 인광 물질에, 모자 공장에서 수은에 노출되어 신체에 손상을 입는 사고가 빈번했다.

20세기에는 의약 분야 연구가 가속화되었다. 마취제와 항생제가 수많은 목숨을 구했고 평균수명이 연장되었으며 출산 조절이 아주 오래된 관점과 관행을 바꿔놓았다.

공포정치

프랑스혁명은 처음부터 폭력이 만연했지만 1793년에 집행된 루이 16세 처형으로 더욱 심해졌다. 영국과 에스파냐, 네덜란드가 오스트리아 공격에 가담했다. 프랑스는 생존을 위해 싸웠다. 자코뱅파와 급진주의 성향이 덜한 지롱드파가 정권을 두고 다투었다. 그해 여름 자코뱅파의 막시밀리앙 드 로베스피에르의 공안위원회가 정권을 차지했다. 그 후 자코뱅파는 반대파를 무자비하게 숙청했고 시민들은 혁명에 대한 충성심을 증명하느라 혈안이 되었다. 효율적이고 합리적이며 민주적이라는 단두대 형장에서 수많은 이들이 목숨을 잃었다. 불만이 높아져 장폴 마라Jean-Paul Marat가 살해되었고 1794년 7월에는 로베스피에르도 처형당했다. 국민공회는 총재정부로 대체되었다. 그동안 전쟁이 일어났다(프랑스가 네덜란드를 점령했다). 한편 코르시카 출신의 나폴레옹 보나파르트가 1793년 영국으로부터 툴롱Toulon 해군기지를 지켜내며 명성을 얻었다. 1796년에는 총사령관으로서 이탈리아에 주둔한 오스트리아군을 격파했다.

나폴레옹의 이집트 원정

이탈리아 정복 후 나폴레옹 보나파르트는 프랑스에서 가장 인기 있는 장군이 되었다. 젊고 카리스마와 야망이 있는 그는 계몽주의의 이상을 보여 주었다. 그의 이집트 원정에는 군사뿐 아니라 조사 목적도 있었다. 나폴레옹은 이집트 통치자들을 제거하고 문화와 과학을 담당하는 이집트 아카데미를 창설하고자 했다. 영국의 인도 접근을 차단하는 것과 같은 전략적 고려가 그의 이집트 원정에 정당성을 부여했다. 그러나 총재정부는 그를 다른 곳으로 보내고 싶어 했다. 나폴레옹이 피라미드 전투에서 맘루크왕조를 무찌르자 영국은 넬슨 제독을 지중해로 보내 보급품 경로를 막았다. 그러나 나폴레옹의 군대와 160명의 학자와 기술자는 대대적인 『이집트기Description del'Egypte』 집필 작업에 착수했다. 넬슨과의 나일 해전에서 기함 로리앙호가 파괴되자 나폴레옹은 이집트를 다스릴 군 지도자와 학자 들을 남겨 두고 파리로 돌아갔다. 나폴레옹이 스스로 황제라 칭하고 유럽 정복에 나서기까지는 4년이 채 걸리지 않았다.

/ Napoleon in Egypt

아일랜드 반란

아일랜드인들은 계몽주의 사상과 프랑스혁명의 영향을 받아, 자신들의 땅에서 계약 하인이 되어야 한다는 사실에 불만이 커졌고 정치적 견해를 드러내기 시작했다. 얼스터 플랜테이션〔p. 172〕 이후 가끔 시위가 일어났지만 진압되었다. 올리버 크롬웰은 본보기로 가혹한 벌을 내렸는데 이는 잉글랜드인 부재지주들에 대한 불만을 더 키웠다. 1690년 네덜란드 출신의 새 잉글랜드 군주 오렌지공 윌리엄이 보인Boyne 전투에서 개신교 법을 강화하자 잉글랜드에 저항하는 사람들이 늘어났다.

1791년에 울프 톤Wolfe Tone이 가톨릭교와 개신교의 동맹을 통해 아일랜드를 해방시키고자 연합아일랜드인회Society of United Irishmen를 설립했다. 지지를 얻지는 못했지만 톤은 곧 프랑스와 접촉했다. 1796년에 시도한 침공은 심한 폭풍으로 좌절되었다. 영국은 아일랜드 반란군을 적으로 간주했고, 1798년 프랑스의 상륙 전투부대 두 부대를 격파했다. 1801년에 연합법Act of Union에 의해 아일랜드는 그레이트브리튼의 일부로 지배를 받게 되었다.

/ Irish rebellion

나폴레옹 황제

나폴레옹이 이집트에 있던 1799년, 또 다른 동맹이 프랑스를 공격했다. 프랑스로 돌아간 나폴레옹은 손실을 만회하고 스스로 제1통령이라고 선언하고 1804년에는 황제가 되었다. 프랑스는 프로이센과 오스트리아(마지막 남은 신성로마제국이 해체되었다)를 무찌르고 유럽 대륙을 사실상 지배했지만 영국과 러시아가 남아 있었다. 1805년 트라팔가 해전에서 영국 해군은 프랑스와 에스파냐 함대를 격파하고 유럽을 봉쇄했다. 나폴레옹은 영국과의 무역을 금지시켰지만 양쪽 모두에게 경제적 타격이 심했다. 포르투갈은 영국 편에 섰다. 나폴레옹이 형을 에스파냐 왕에 옹립하려 하자 반도전쟁이 일어나 1813년까지 계속되었다. 1810년 러시아가 대륙봉쇄령에서 빠졌고 1812년 나폴레옹은 러시아를 침략했다. 그의 군대는 모스크바를 점령했지만 프랑스군 사상자가 많아 버티기 어려웠다. 나폴레옹은 군대를 재조직했지만 프로이센이 반란을 일으켰고 1814년 동맹군이 프랑스를 침략했다. 나폴레옹은 엘바 섬으로 유배를 떠났다.

/ Emperor Napoleon

아이티 혁명

1697년 프랑스와 에스파냐는 카리브 해의 히스파니올라 섬을 나눠 가졌다. 프랑스가 차지한 아이티는 커피와 설탕, 목화를 수출해 아메리카 대륙에서 가장 수익성 좋은 식민지 중 하나가 되었다. 프랑스혁명 때 아이티의 백인 농장주들은 자유와 박애 사상이 자신들의 이해관계에 어긋난다고 보고 독립을 추진했다. 1791년 노예 반란이 터졌다. 투생 루베르튀르Toussaint Louverture는 유능한 반란군 지도자로 노예제도가 폐지된 뒤에는 프랑스 정부에 협력했다. 그러나 나폴레옹은 노예제도를 부활하고자 1801년 아이티에 군대를 보냈다. 다시 전쟁이 터졌고 1802년 루베르튀르가 붙잡혔다. 사상자가 속출하자 나폴레옹은 아메리카 대륙으로 시선을 돌려 루이지애나를 팔기 위한 협상에 돌입했다.〔p. 246〕 루베르튀르 휘하의 장교 장자크 드살린Jean-Jacques Dessalines이 1803년에 승리를 거두고 백인을 몰살했다. 존 애덤스 미국 대통령은 루베르튀르를 지지했지만 미국이 아이티를 공식 인정한 것은 남북전쟁 때였다. 왕정복고 이후 프랑스는 막대한 배상금을 요구해 아이티의 경제를 파탄 냈다.

노예제 폐지론

유럽 국가들은 계몽운동 전까지 수익성 좋은 사업으로서 노예제도를 지지했는데 영국의 대법관 맨스필드는 1772년 노예제도가 매우 '혐오스러운' 것이라고 판결했다. 퀘이커교도들은 노예제 폐지를 주장했다. 자유를 찾은 노예들과 흑인 운동가들 또한 영향력을 발휘했다. 영국의회는 1807년에야 노예무역을 금지했고 노예제도는 1833년에 폐지되었다. 프랑스는 중세에 국내 노예제도를 폐지했고 프랑스혁명 이후로 제국 전역에 이를 확대했지만 나폴레옹이 해외 식민지에서 부활시켰다. 이베리아반도에서는 더 오랫동안, 브라질에서는 1888년까지 허용되었다. 아프리카의 여러 국가(특히 벨기에령 콩고를 비롯해 식민지 통치를 받은 곳들)는 20세기까지 법적으로 노예제도를 허용했다.

미국에는 헌법에 노예제도를 인정하는 조항이 있었지만 산업화된 북부 주에서는 폐지론이 더 우세했다. 노예제도를 비판한 해리엇 비처 스토의 소설 『톰 아저씨의 오두막』이 1800년대 베스트셀러가 되었고 노예제도에 대한 의견 차이로 남북전쟁이 발발했다.

나이지리아 태생의 올라우다 에퀴아노Olaudah Equiano는 어릴 때 노예가 되어 버지니아로 끌려갔지만 마침내 잉글랜드에서 자유를 샀다. 그 후 대표적인 노예제 폐지론자가 된 그는 1792년에 쓴 자서전 『재미있는 이야기Interesting Narrative』로 독자들에게 큰 영향을 끼쳤다.

루이지애나 구입

에스파냐는 7년 전쟁으로 210만 제곱킬로미터의 루이지애나를 얻었지만 미시시피 강의 뉴올리언스 항구만 개발했다. 1801년 프랑스는 아란후에스 조약Treaty of Aranjuez에서 루이지애나 반환을 요구했다(에스파냐의 조건부 항복은 나폴레옹을 만족시키지 못했다). 그러나 프랑스 황제는 아이티 혁명 이후 아메리카 대륙에 흥미를 잃었다. 곡식 수송을 위해 뉴올리언스가 필요했던 미국의 토머스 제퍼슨은 1803년 파리에 특사를 보냈다. 나폴레옹은 영국과의 전쟁에 쓸 자금을 마련하려고 7천만 프랑에 루이지애나를 다 사라고 제안했다. 에스파냐가 불만을 터뜨렸지만 제퍼슨은 루이지애나를 구입했다. 또 아메리카 원주민은 전혀 고려되지 않았다. 제퍼슨은 과학적 조사를 위해 루이스·클라크 탐험대를 보냈다. 그들은 지형을 파악하고 안내인이자 통역사인 새커거위아Sacagawea의 도움으로 원주민 부족들과 접촉했다. 20년 후 먼로 대통령이 유럽은 아메리카 대륙에 간섭하지 말라는 '먼로 독트린'을 발표했지만 당시 미국은 그것을 집행할 힘이 없었다.

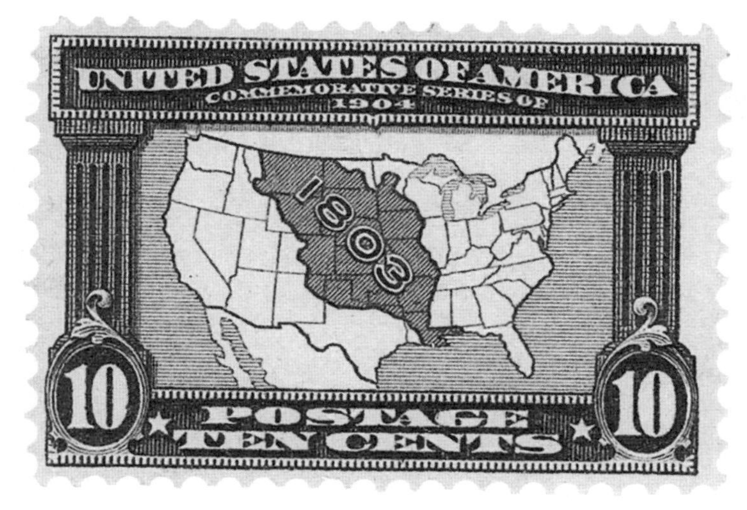
UNITED STATES OF AMERICA
COMMEMORATIVE SERIES OF
1904
1803
10
10
POSTAGE
TEN CENTS

가우초

남아메리카 팜파스에 사는 목자들은 미국의 카우보이보다 한 세기 전에 등장했다. 그들은 칭기즈칸 이전의 유라시아인과 비슷한 반半유목 문화를 가지고 있다. 에스파냐 정복자들이 가축을 들여왔는데 1700년경 수백만 마리의 소가 초원을 돌아다니며 자연 식물군을 망쳐 놓았다. 말을 전문으로 다루고 옮겨 다니며 사는 가우초는 국내 소비나 유럽 시장에 팔 목적으로 가축을 친다. 그들 대부분 메스티소(아메리카 인디언과 에스파냐계 백인의 혼혈)이다. 1816년 아르헨티나 해방전쟁에서 양쪽의 기병은 대부분 가우초였다. 시몬 볼리바르도 가우초를 다수 모집했다.

가우초 수가 줄면서 그들을 둘러싼 신비로움이 커졌다. 아르헨티나의 국민 대서사시 「마르틴 피에로Martín Fierro」에는 전형적인 독립운동가가 나온다. 에스파냐의 지배에 맞서고 외지인에 분노하는 것은 홀로 살아가는 생활 방식의 일면인 셈이다. 20세기에 소고기 생산이 산업화되었지만 가우초들이 사는 땅은 여전히 주변부여서 이동식 방목에 적합하고 농업 방식도 크게 달라지지 않았다.

워털루 전투

1814년 유럽 동맹국의 침입으로 나폴레옹은 퇴위당했다. 차후의 반란을 막으려고 합스부르크가의 외무 장관 메테르니히가 빈에서 동맹 체제 관련 협상을 벌였지만 루이 17세의 복귀는 프랑스가 기대한 방안이 아니었다. 1815년 3월 나폴레옹은 유배 중이던 엘바 섬을 탈출해 자원 부대와 함께 복귀했다. 그는 파리를 방어하고 프로이센과 영국군의 집결을 막기 위해 벨기에(합스부르크가 통치하는 지역)를 공격했지만 패배했다. 영국의 웰링턴은 영리했고 프로이센의 블뤼허Blücher(당시 72세)는 대담했다.

나폴레옹은 평소 보병대와 포병대의 정확한 공격을 선보였다. 이번에 그를 위해 모인 병사들은 숫자는 많고 의지도 강했지만 훈련되지 않은 농민과 나이 든 병사들이라 소통이 와해될 수밖에 없었다. 무엇보다 나폴레옹은 블뤼허가 이끄는 군대의 진군 속도와 힘을 제대로 계산하지 못했다. 웰링턴은 이론상으로는 열등한 군대를 효율적으로 잘 활용했고 프로이센이 다시 기습했다. 나폴레옹은 세인트헬레나 섬으로 유배되었고 6년 뒤 세상을 떴다.

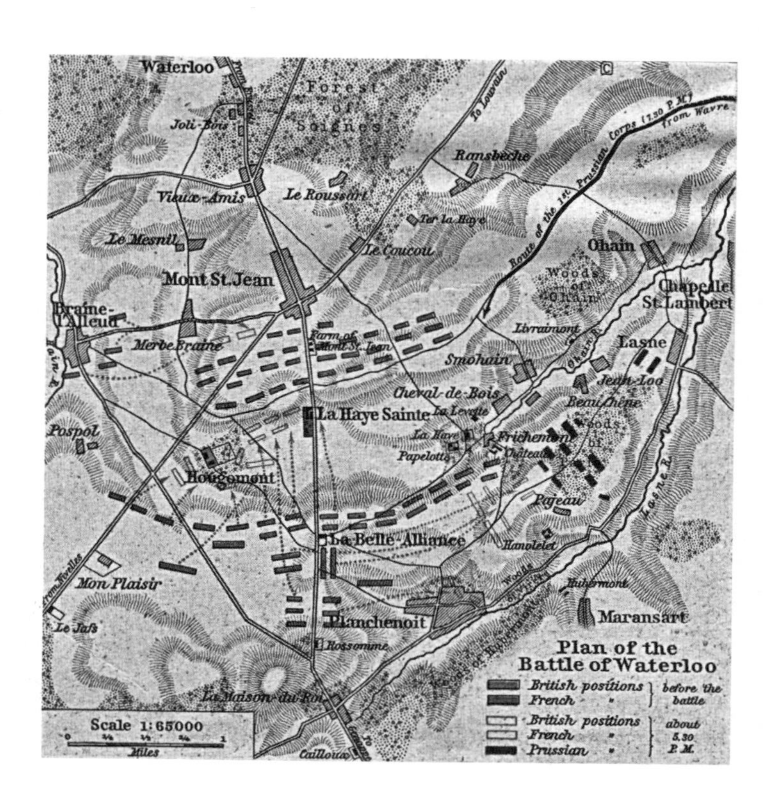
Waterloo
Forest of Soignes
Joli-Bois
To Louvain
Route of the 1st Prussian Corps (7.30 P.M.)
from Wavre
Ransbeche
Vieux-Amis
Le Roussart
Ter la Haye
Le Mesnil
Le Coucou
Ohain
Mont St. Jean
Woods of Ohain
Chapelle St. Lambert
Braine-l'Alleud
Livraimont
Lasne
Merbe Braine
Farm of Mont St. Jean
Smohain
Ohain R.
Jean-Loo
Cheval-de-Bois
Beau Chêne
La Haye Sainte
La Haye
Frichemont
Pospol
Papelotte
Château
Hougomont
Pajeau
Lasne R.
La Belle Alliance
Hanotelet
Mon Plaisir
Hubermont
Maransart
Planchenoit
Rossomme
Plan of the Battle of Waterloo
British positions
French "
before the battle
British positions
French "
Prussian "
about 5.30 P.M.
Scale 1:65000
Miles
La Maison du Roi
Caillou

증기

1764년 제임스 와트는 뉴커먼의 기관을 고치다가 수증기의 응축기를 분리하면 효율성이 개선된다는 사실을 깨달았다. 그는 1775년부터 버밍엄의 사업가 매튜 볼턴Matthew Boulton과 함께 광산뿐 아니라 (수력으로 작동하는) 바퀴를 움직이는 데 쓰일 엔진을 생산했다. 그리하여 어느 곳에나 공장을 지을 수 있었다.

1814년 증기를 이용해 차량을 움직이려는 시도가 있었다. 조지 스티븐슨George Stephenson이 블뤼허호Blücher를 만들고 로켓호(그림)를 통해 최초의 공공 증기기관차를 운영했다. 한 세대가 지나기 전에 기차가 영국을 횡단하게 되어 독서 습관에서 시간 측정까지 모든 것을 바꿔놓았다. 세계적으로는 고용량 화물선이 유럽과 영국, 프랑스 구석구석을 달리게 되었다. 미국은 철도와 증기선 덕분에 자국화가 이루어졌고 1849년에는 서부로 향한 골드러시가 가속화되었다. 기차와 증기선은 인종과 문화를 섞어 놓았다. 전기가 주요 동력원이 되었을 때도 발전기는 증기기관으로 돌아갔다.

1830년부터 최초의 공공 철도 서비스를 제공한 조지 스티븐슨의 로켓호를 그린 근대 판화.

시몬 볼리바르

라틴아메리카 역사상 가장 중요한 인물이라고 할 수 있는 시몬 볼리바르는 라틴아메리카를 에스파냐의 지배로부터 해방시켰다. 그의 집안은 16세기에 베네수엘라에 정착했고 넓은 땅과 구리 광산을 손에 넣었다. 그는 어린 시절부터 군인이 되기 전까지 계몽주의 사상을 접했다. 유럽에 있는 동안 나폴레옹 황제의 대관식을 보고 자극받은 그는 1807년 베네수엘라로 돌아와 쿠데타를 계획하고 실행해 1811년에 독립국가를 선포했다. 쿠데타 가담자들은 당시 (나폴레옹의 침략이 막 시작되었을 때) 에스파냐의 혼란을 이용했지만 에스파냐군의 결집으로 내란이 일어났다. 볼리바르는 아이티로 건너갔다가 1816년에 돌아와 군사작전을 개시해 대콜롬비아공화국(Gran Colombia, 콜롬비아, 에콰도르, 파나마, 베네수엘라, 페루를 합한 통일국가. 그가 1830년에 세상을 떠나기 전에 해체된다)을 수립했다. 나중에 그는 페루와 볼리비아의 남은 지역을 해방시키고 대통령이 되었다.

아메리카 대륙의 독립
1800년 이전
1800~1820년
1821년
1822~1829년
1830년 이후

그리스의 독립

그리스는 수세기 동안 오스만제국의 지배를 받았는데, 유럽 전역에서는 독립운동이 성장하고 있었다. 민족주의 단체 필리키에테리아Filiki Eteria는 고대 그리스·로마 시대의 사상에 빚이 있다고 생각하는 유럽인들 사이에서 그리스 독립의 필요성에 대한 공감을 일으켰다. 런던그리스협회London Greek Society에서만 280만 파운드를 모았다. 1821년 3월 17일 그리스정교회의 게르마노스 대주교는 공개적으로 오스만제국의 법을 거부했다. 사회적 불만은 곧 무장 반란으로 이어졌다.

술탄은 이집트의 메흐메트 알리와 동맹을 맺었다. 영국과 합스부르크의 메테르니히 수상은 지원을 거부했지만 개인(프랑스 화가 들라크루아, 그리스 독립을 돕다가 목숨을 잃은 영국의 풍자 시인 바이런)이 지원자들을 이끌었다. 새 황제에 등극한 러시아의 니콜라이 1세는 그리스 출신 외무 장관의 설득으로 같은 정교회 국가를 돕기 위해 1828년, 오스만제국에 전쟁을 선포했다. 1832년 그리스가 독립했다.

/ Greek independence

눈물의 길

전쟁 영웅으로 불리며 재선에 성공한 미국 대통령 앤드루 잭슨Andrew Jackson은 첫 임기 중인 1830년에 인디언 강제 이주법Indian Removal Act을 실시했다. 인디언들의 자주권을 완전히 없앤다는 한 페이지 분량의 문서다. 유럽인 정착과 질병 전파, 7년 전쟁을 비롯한 갈등에도 다수의 원주민 부족이 미시시피 강 동쪽에 남아 새로운 세상에 적응하면서도 문화를 지켜 나갔다(체로키 같은 부족은 문자를 만들고 농장을 운영하고 심지어 노예도 소유했다. 한편 세미놀족은 난민을 받아들였다).

인디언 강제 이주법에 따르면 조약에 서명한 부족들은 늘어나는 미국 인구에 필요한 풍요로운 땅을 떠나 서쪽으로 이주해야 했다. 그 후에도 원주민들은 여러 조약을 체결해야만 했다(대개는 꼭두각시 지도자를 세우거나 압력이 따랐다). 오늘날의 오클라호마가 인디언 영토로 분류되었다(연방 정부는 그곳을 1889년에 백인 정착민에게 개방했다). 수천 킬로미터 떨어진 오클라호마로 이동하는 도중에 수많은 원주민이 목숨을 잃었다.

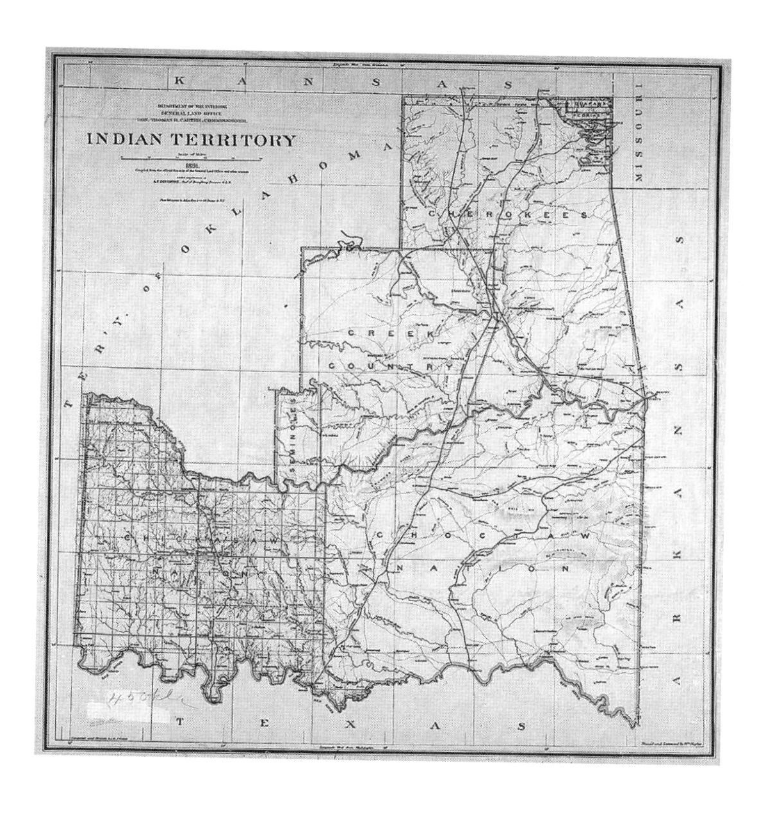
INDIAN TERRITORY
1891
KANSAS
MISSOURI
ARKANSAS
TEXAS
TER'Y OF OKLAHOMA
CHEROKEES
CREEK COUNTRY
SEMINOLES
CHICKASAW NATION
CHOCTAW NATION

전신

선원들은 수세기 동안 장거리 의사소통에 깃발을 사용했는데 특히 철도가 생기면서 좀 더 확실한 방법이 필요했다. 1837년에 영국과 미국에서 전기통신이 개발되었다. 새뮤얼 모스가 발명한 효과적인 알파벳 부호가 표준으로 자리 잡았다. 전신 방식은 곧 미국과 유럽 전역에 설치되었다. 몇 차례의 시도 끝에 1866년 대서양 횡단 전신망이 구축되어 실시간 국제통신이 가능해졌다.

전신은 당연히 군대에서도 활용되었다. 프로이센은 슐레스비히·홀슈타인 분쟁 때 전신을 유용하게 활용했다. 제1차 세계대전 당시 영국은 전 세계 식민지에 전신망을 구축해 놓았다. 정보 전달로 주식거래도 더욱 활발해졌다. 저널리스트들은 전신 기술을 크게 반겼다. 오늘날에도 '텔레그래프'라는 이름이 붙은 신문사들이 많다. 전화와 라디오가 등장한 후에도 전신은 경제적으로 중요한 기술이었고 1980년대에 이르러서야 텔렉스, 그 후에는 인터넷으로 대체되었다.

/ Telegraphy

골드러시

19세기 특유의 현상은 대규모 이민과 관련이 있다. 낭만적인 변경의 풍경과 그 풍경을 없애 버린 급속한 기술 발달(증기선과 대륙 간 철도 등)의 시대였다. 멕시코·미국 전쟁 후 미국이 캘리포니아를 손에 넣은 지 얼마 되지 않았을 때인 1848년, 제임스 마셜이 제재소에서 금을 발견하면서 캘리포니아에 골드러시가 일어났다. 이로 인해 급속도로 인구가 증가해 생활필수품의 가격이 폭등했다. 캘리포니아는 결국 유령 도시로 전락했다.

오스트레일리아 당국은 죄수들로 이루어진 인구가 지나치게 흥분할까 봐 초기의 금 발견을 쉬쉬했다. 하지만 캘리포니아의 결과에 안심했다. 오스트레일리아의 인구는 10년 만에 약 3배로 늘어났고 그 후에도 꾸준히 증가했다. 남아프리카에서는 보어인이 아닌 이들이 일확천금을 노리고 트란스발Transvaal로 몰려드는 바람에 보어전쟁이 일어났다. 외국인 광부들에 대한 과세로 캘리포니아에 이주하는 중국인이 감소했다(많은 이들이 샌프란시스코에 정착해 최초의 차이나타운이 만들어졌다).

아편전쟁

아편은 포르투갈 상인들을 통해 중국에 전해졌다. 영국은 특히 중국과 관세가 높은 차를 거래하고 싶어 했다. 중국은 해외 교역에서 은을 화폐로 사용했는데 미국 독립으로 은이 싼값에 대량 유입되었다. 청나라에 매년 세금으로 600만 달러를 내는 것은 영국의 이익에 맞지 않았다. 영국은 아편 무역으로 수지 균형을 맞추었는데 1729년 첫 번째 아편 금지령이 내려졌다. 1839년 특사 임칙서가 영국 상인들의 아편을 몰수하고 광저우 항구를 폐쇄했다. 영국은 대포로 무장한 해군을 이끌고 쳐들어와 중국군을 격파했다. 1842년 중국과 영국은 난징 조약을 체결했다. 중국이 영국에 전쟁배상금을 지불하고 홍콩을 넘기고 더 많은 항구를 개방한다는 내용이었다. 1857~1860년 (태평천국운동 당시) 2차 아편전쟁에는 프랑스까지 가담했다. 1858년 톈진 조약으로 아편 무역이 합법화되었다. 하지만 중국은 1860년 베이징이 함락될 때까지 저항했다. 계속된 분쟁은 만주의 일부를 러시아에 넘겨주는 조약으로 끝났다. 미국 또한 유리한 조건을 얻었다.

철판으로 만든 동인도회사의 네메시스호(오른쪽 맨 앞)는 중국 함대를 궤멸시켰다.

통가 내전

통가는 타이와 마찬가지로 오랫동안 토착 세력의 지배를 받았다(1900년 영국의 보호령이 되었다). 가장 큰 섬인 통가타푸Tongatapu는 5천 년 전부터 사람이 살았고 950년에서 1500년까지 폴리네시아 문화·정치의 중심지였는데 내전과 반란, 암살로 쇠퇴의 길을 걸었다. 통가를 가장 처음 방문한 유럽인은 네덜란드 동인도회사의 상인들이었다. 1799년에 폭군 투쿠아호Tuku'aho가 암살당한 후 지역 지도자들의 세력 다툼이 심해지면서 갈등이 생겼다. 피나우 펠레토아Finau Feletoa가 독립 왕국을 세웠다. 그가 1809년에 세상을 떠나자 일시적으로 분쟁이 중단되었다. 펠레토아의 아들은 자신의 사위이자 투쿠아호의 손자인 타우파하우 투포우Taufa'ahau' Tupou를 후임자로 정했다. 투포우의 주요 정적이었던 영적 지도자 라우필리통가Laufilitonga는 1826년 벨라타 전투Battle of Velata에서 패배했다. 투포우는 1831년에 웨슬리교 선교단에서 세례를 받고 '조지'라는 세례명을 받았다. 그는 농노를 없애고 입헌 군주제를 확립했고 통가를 현대 국가로 발전시켰다.

/ Tongan Civil War

말년의 조지 투포우 1세.

보통선거

프랑스혁명과 미국의 독립선언이 계몽주의에 입각한 양도할 수 없는 권리를 주장했지만 프랑스나 미국 같은 나라를 재정적으로 뒷받침하는 것은 노예제도였다. 유럽은 워털루 전투 이후 재정비된 국경선이 불만이었다. 민족주의는 목소리를 내고 싶어 하는 대도시 식자층의 진보적인 대의와 관련 있었다. 영국은 1832년 선거법 개정안을 통과시켰고 1848년 혁명으로 노예제 폐지론의 논리가 적용되었다.

러시아의 알렉산드르 2세와 합스부르크가는 농노제를 폐지했고 프랑스도 식민지에서 노예제도를 폐지했지만 여성을 위한 진보는 더뎠다. 1893년 미국에서는 콜로라도 주가 최초로 여성에게 투표권을 주었다. 아내가 더 이상 재산이 아님에도 법적 논리는 그대로였다. 때로 귀족 여성들에겐 투표권 없는 피선거권만 주어졌다. 평범한 여성들도 남성들과 동일하게 일하며 따라서 투표할 권리가 있다는 생각은 제1차 세계대전 후에야 자리 잡았다. 미국에서는 1960년대가 되어서야 소수집단에게 선거권을 주었다.

Official
Program
WOMAN
SUFFRAGE
Procession
VOTES for WOMEN
Washington
D.C.
March 3, 1913

1848년 혁명

1848년, 네덜란드, 스칸디나비아, 영국, 이베리아를 제외한 거의 모든 유럽 국가에서 혁명이 발생했다. 흉년과 도시화, 부르주아의 불만이 원인으로 작용했지만 중대하고도 새로운 요소는 민족주의였다. 그리스 독립은 낭만주의와 자유, 민족주의 운동을 고무시키고 공동의 적에 맞서 단결하게 했다. 교황 비오 9세가 개혁의 희망을 높였고 혁명 소식이 전신을 통해 전달되어 용기를 불어넣었다. 빈에서 혁명이 일어나 독일어권 공국들이 한 국가를 만들었다. 하지만 프로이센은 냉담했고, 슐레스비히·홀슈타인 문제가 터졌다. 오스트리아는 합스부르크 체제를 유지하면서 체코 독립을 억압했다. 오스만과 함께 오스트리아·헝가리를 세우려는 계획은 실패했고 농노를 폐지했다. 폴란드의 독립운동은 합스부르크의 원조를 얻었고 이탈리아는 혁명가 마치니가 지식인과 농민을 단결시켰다. 프랑스에서는 루이 필리프의 왕정이 폐지되고 루이 나폴레옹이 대통령으로 선출되었다가 1852년 황제 나폴레옹 3세가 되었다.

크림전쟁

그리스 독립에 대한 러시아와 오스만의 합의 사항은 오스만의 다뉴브공국에 대한 내용과 러시아가 크림반도에 해군기지를 세우되 유럽에 대한 야망은 포기한다는 것이었다. 1853년 7월에 니콜라이 1세는 프랑스와 영국이 (이슬람을 보호하려고 할지라도) 합동 작전에 동의하지 않을 것이라 예상하고 다뉴브공국을 공격했다. 하지만 추측은 틀렸다. 프랑스·영국군이 곧 다르다넬스해협에 도착했고 이에 고무된 오스만이 10월에 전쟁을 선포했다. 오스트리아도 1854년에 가담해 러시아의 후퇴를 강요했다. 콜레라로 수많은 사상자가 발생하고 발라클라바로 무의미하게 우회한 뒤 프랑스와 영국은 세바스토폴의 러시아 해군기지를 포위했다. 전투가 시작되기 전 러시아는 스스로 자국 함대를 침몰시켰다.

크림전쟁은 최초의 미디어 전쟁이었다. 사진과 전신 기술의 발달로 재앙적 판단의 전모가 런던에 보도되었다. 영국의 계관시인 테니슨은 영국의 유명한 '실수'를 비판하는 「경기병 여단의 돌격」이라는 시를 썼다. 나이팅게일과 메리 시콜의 활약은 현대 간호학이 발달하는 계기가 되었다.

언론 보도와 사진으로 자국에 전장의 소식이 전해지자
유럽의 지휘관과 정치가 들은 대중의 시선을 의식해야만 했다.

종의 기원

찰스 다윈이 에든버러에서 공부할 무렵 과학자들은 찰스 라이엘Charles Lyell의 지질학 연구를 계기로 수세기가 아닌 수억만 년 전의 시간을 고려해야만 했다. 다윈은 1830년대에 비글호 항해를 통해 갈라파고스 섬의 핀치 새를 연구했다. 그는 여러 다른 종이 공통된 조상에서 갈라져 나와 환경에 적응하면서 변화했다는 결론을 내리고 20년 동안 '자연선택' 이론을 가다듬었다. 유리한 특징을 지닌 유기체일수록 생존과 번식 가능성이 커서 그 특징을 다음 세대에 물려주고 종의 진화를 이끈다는 내용이다. 마침내 다윈은 1858년에 진화론을 발표했다. 앨프리드 러셀 월리스Alfred Russel Wallace가 비슷한 이론을 완성했다는 사실을 알게 된 후였다.

처음에는 진화론을 인간에게 적용하는 것을 두고 논란이 있었지만 그의 자연선택에 의한 진화론은 과학의 기본 원리로 자리 잡았다. 허버트 스펜서Herbert Spencer는 그 원리를 인간 사회에 적용했고 프랜시스 골턴Francis Galton은 인간 종의 개선을 위해 '우생학'이라는 개념을 고안했다(훗날 인종차별주의자들에게 이용되었고 유대인 대학살 이후 악명이 높아졌다).

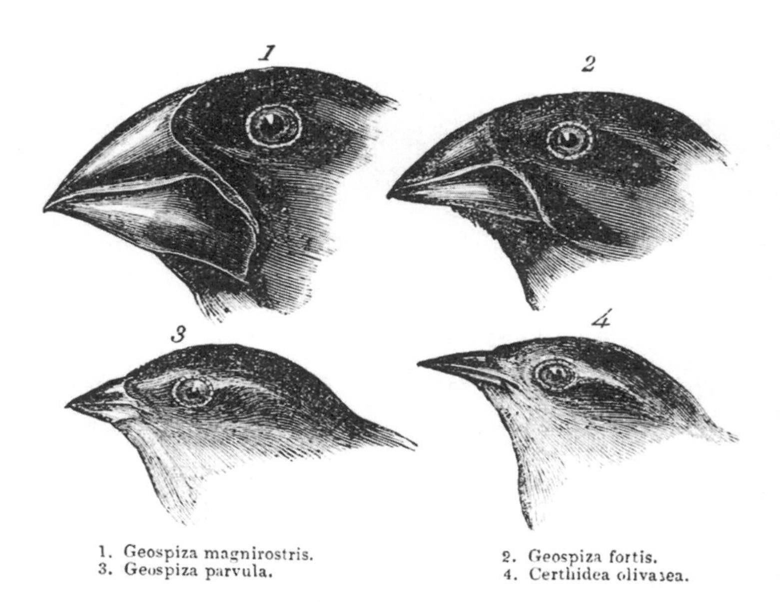

다윈은 핀치 새의 다양한 부리 모양을 관찰하고 종의 다양성은 신이 만든 불변의 작품이 아니라 진화의 결과라고 결론 내렸다.

리소르지멘토

워털루 전투 이후 나폴레옹의 이탈리아 영토는 합스부르크가에 넘어갔다. 여러 주로 나뉜 도시국가 이탈리아는 범이탈리아 문화에 대한 자부심('부흥'이라는 뜻의 리소르지멘토)으로 단결해 통일과 독립 운동을 일으켰지만 교황 비오 9세의 반대에 부딪혔다. 1848년 혁명 실패는 낭만주의 혁명운동을 자극했다. 마치니의 청년이탈리아당은 아일랜드와 러시아에도 영향을 끼쳤다. 여러 지역이 피에몬테에 합병되어 정부 형태를 이루었고 1859년 카보우르 총리가 나폴레옹 3세의 도움으로 오스트리아로부터 롬바디를 손에 넣었다. 야심 찬 혁명가 주세페 가리발디(사진)가 붉은 셔츠 부대를 이끌고 시칠리아를 거쳐 나폴리까지 갔다. 가리발디는 정복한 영토를 이탈리아의 국왕 비토리오 에마누엘레에게 헌납했다. 이탈리아는 1861년 3월 왕국이 되었다. 프랑스는 가리발디에 맞서 교황의 군대를 강화했다. 1870년 프로이센이 파리를 포위해 프랑스의 후퇴를 요구하자 마침내 로마가 함락되었다. 1871년 이탈리아는 바티칸을 제외하고 완전한 통일을 이루었다.

/ The Risorgimento

태평천국운동

중국의 홍수전은 과거 시험에 실패한 후 개신교의 영향으로 기이한 교리를 만들었다. 토지를 똑같이 나눠 주고 전족과 노예 매매, 아편, 유교 사상을 금지하는 내용이었다. 그는 중국 남동부 지역에서 태평천국을 세우고 1850년에서 1864년까지 토지를 점령하고 무력으로 군대를 모았으며 반대자들을 학살했다.

정확한 사상자 수는 확실하지 않다. 아편으로 인한 사망자와 전국에서 일어난 봉기 외에도 양쯔 강과 황허 강 점령으로 전염병과 대규모 기근이 발생했기 때문이다. 영국군과 프랑스군이 청나라를 지원했다. 증국번이 조직한 상군湘軍은 영국의 고든 장군과 미국인 용병 프레더릭 타운센드 워드에게 무장 훈련을 받았다. 태평천국군은 항복하는 도시마저 약탈하고 만주의 지식인과 유교 신봉자 들을 혐오해 사망자가 3천만 명에 이른 것으로 추정된다(미국 남북전쟁으로 인한 사망자 수는 100만 명 이하다).

태평천국의 현수막

미국 남북전쟁

미국 전역이 '삼각무역'으로 이득을 보았지만 노예들은 대부분 노동 집약적인 농업을 주로 하는 남부 주들로 보내졌다. 그곳에서 미국 수출의 약 60퍼센트를 차지하는 목화 농사를 지었다. 그러나 산업이 발달한 북부에서는 노예 폐지론이 대두됐다. 캔자스가 노예제 인정 여부를 자율에 맡기는 법안을 통과시키자 노예해방 운동가들이 몰려들어 폭력 사태가 벌어졌다.

사우스캐롤라이나, 미시시피, 플로리다, 앨라배마, 조지아, 루이지애나, 텍사스로 이루어졌던 남부 연합(버지니아, 아칸소, 테네시, 노스캐롤라이나는 나중에 합류)은 공화당의 에이브러햄 링컨(자유 주와 미국 영토에 노예제가 확장되는 것을 막는 운동을 벌였고 남부 노예 주들의 힘이 커지는 것에 반대했다)이 대통령에 당선된 후 분리 독립했다. 남부 연합의 제퍼슨 데이비스가 1861년 4월 12일 사우스캐롤라이나의 북부 연방 주둔지 섬터 요새를 공격하면서 전쟁이 발발했다.

북부는 미국의 산업 기지, 철도, 해군 전군을 보유하고 있어 전쟁 준비가 잘 갖춰져 있었다. 북부는 (무기 밀수를 포함한)

남부의 수입 경로를 차단하는 데 성공했다. 한편 남부는 유럽의 원조를 기대했지만 남부를 공식적으로 인정한 국가는 하나도 없었다. 영국은 섬유산업에 목화가 필요했지만 인도에서 생산을 늘리는 방안을 선택했다.

하지만 뛰어난 군사 지도자 다수가 남부로 갔다. 링컨은 장군들을 잇따라 교체하다가 마침내 율리시스 S. 그랜트 장군을 총사령관으로 임명했다. 대부분의 싸움에서 남부가 승리를 거두었지만 1862년 9월부터는 달라졌다. 메릴랜드의 앤티텀 전투에서 북부군은 남부의 로버트 E. 리 장군의 급습을 막았다.

얼마 뒤 링컨은 모든 주의 노예들에게 자유를 부여하는 노예해방선언을 준비했다. 리 장군은 1863년에 북부에 대한 두 번째 급습을 시도했지만 게티즈버그(링컨의 유명한 연설이 이루어졌다)에서 실패를 맛보았다. 북부의 그랜트와 셔먼 장군이 공동으로 실시한 반격으로 리는 1865년 4월 항복했다. 이렇게 전쟁은 종결되었지만 며칠 후 링컨은 암살당한다.

막시밀리안 황제

리소르지멘토(p.276)를 막느라 분주하던 프랑스의 나폴레옹 3세는 1862년에 멕시코가 채무불이행을 선언하자 고통에 빠졌다. 멕시코의 베니토 후아레스 대통령은 반란으로 고전하고 있었다(멕시코는 1821년 독립 후 혼란이 계속되었다). 미국은 남북전쟁이 한창이어서 프랑스가 중재에 나서기 좋은 시기였다. 역시 채무에 시달리던 에스파냐와 영국은 합스부르크가 사람을 멕시코 왕위 계승자로 삼겠다는 프랑스의 계획이 확실해질 때까지 원조를 보냈다. 오스트리아의 페르디난드 막시밀리안 대공이 1859년에 프랑스의 제안을 받았고 프랑스는 1861년 멕시코를 침략해 군주제 복귀를 요구했다. 1864년 막시밀리안 1세가 즉위했다.

그러나 다시 하나 된 미국은 후아레스를 지지하고 서반구에 간섭하지 말 것을 유럽에 요구했다(리오그란데에 군인 5만 명을 배치해 먼로 독트린을 공고히 했다). 1866년 프랑스는 군대를 철수했고 막시밀리안 체제도 붕괴했다. 그는 1867년에 총살대에서 처형되었다. 후아레스는 사망할 때까지 대통령직을 수행했다.

모네는 막시밀리안 황제가 즉위한 지 얼마 되지 않아 총살당하는 모습이 담긴 작품을 다섯 점 이상이나 그렸다.

슐레스비히·홀슈타인 문제

7년 전쟁으로 세계 주요 강대국으로 떠오른 프로이센은 나폴레옹에게 정복당했지만 워털루 전투 이후 프랑스의 중요한 영토로 다시 떠올랐다. 역사상 가장 유능한 정치인 중 한 명으로 평가받는 오토 폰 비스마르크(사진)가 1862년에 총리로 임명되었다. 그는 프로이센이 합스부르크 오스트리아에 큰 영향력을 발휘하는 상태에서 느슨한 독일연방을 완전한 국민국가로 통일하고자 했다. 헬무트 폰 몰트케와 알브레히트 폰 론이 이끄는 프로이센 군대는 유럽 최강이었고, 비스마르크는 오스트리아와 동맹을 맺어 슐레스비히·홀슈타인 지역을 차지하려는 덴마크와 싸웠다. 두 번째 슐레스비히 전쟁이 끝나고 빈 조약이 체결되어 슐레스비히는 프로이센 영토, 홀슈타인은 오스트리아 영토가 되었다.

비스마르크는 외교적 분쟁을 조종했다. 1866년에 오스트리아·프로이센 전쟁이 시작되었는데 두 달 만에 끝났다. 프로이센은 쾨니히그레츠 전투에서 오스트리아군을 거의 전멸시켜서 독일 정치에 간섭하지 못하게 했다.

/ Schleswig-Holstein question

재건

미국 남북전쟁에는 엄청난 비용이 들어가 남부와 북부 모두 징병제와 소득세 도입이 필요했다. 남부 연합은 전쟁으로 폐허가 되어 파산에 이르렀고 자유를 되찾은 노예들도 재건 시기에 큰 어려움에 부딪혔다. 초기에 여러 시민권 법안과 해방 흑인국Freedmen's Bureau이 그들에게 도움을 주었다. 적극적인 새 유권자들은 흑인 대표와 상원의원을 선출했지만 진보적 시기는 1877년에 막을 내렸다. 연방 군대를 남부에서 철수하고 남부 주들을 통제하려는 공화당의 러더퍼드 헤이스가 대통령으로 당선된 것이다. 투표권이 제한되었고 백인 우월주의자들(큐클럭스클랜Ku Klux Klan)이 흑인 사회에 테러를 가했다. 많은 흑인이 소작인으로 전락했다(기본적으로 농노와 다를 바 없었다). 그 후 몇 십 년 동안 농업이 남부의 주요 산업이었다. 국가가 번영하면서 여전히 치유되지 않은 문화적 분열이 두드러졌다. 마크 트웨인이 1873년에 발표한 소설 『도금 시대』는 기업의 독점과 은밀한 뒷거래, 부패의 시대를 묘사했다.

『도금 시대』에 수록된 만화로 존 D. 록펠러 같은 부유한 기업가들이 국가 정치에 힘을 행사하는 현상을 풍자했다.

코사 전쟁

남아프리카에서 일어나는 여러 갈등의 원인이 된 아홉 차례의 전쟁은, 소 절도에 대한 보복에서 전면전으로 확대되는 양상으로 1779년부터 한 세기에 걸쳐 계속되었다. 남아프리카공화국의 케이프 주는 네덜란드 동인도회사가 만든 첫 식민지였는데 같은 지역에서 보어인 트레커(Boer Trekkers, 변경 지대의 네덜란드계 농부들)는 동쪽으로 이동하고 코사족은 서쪽으로 이동했다. 산San족의 공격을 받은 이후 보어인은 코사족과 마주치면 무자비하게 대응했다.

영국은 워털루 전투 이후 이양 받은 식민지 영토에 1798년 수비대를 배치했다. 코사족의 네 번째 공격에 영국은 예상 밖으로 잔인하게 대응했고, 그 후 15년간 휴전이 이어졌다. 일곱 번째 전쟁(1846~1847)에서 코사족은 총을 소지했고 양쪽 모두 초토화작전을 펼쳤다. 소를 모두 제물로 바치면 코사족이 승리한다는 십 대 소녀의 예언으로 여덟 번째 전쟁이 터졌다. 마지막 전쟁(1877~1878) 당시 보어인은, 백인과 코사족 모두 거주하지 않고 줄루족이 이주하고 있던 지역을 완충지대로 삼자는 영국의 정책에도 등을 돌렸다.

코사 전쟁 내내 아프리카 부족은 사진에 나오는 어린 선지자들에 의존하는 바람에 재앙을 초래하는 경우가 많았다.

해방자 알렉산드르 2세

알렉산드르 2세는 폴란드를 억압하고 시르카시아Circassia에서 집단 학살을 자행하고 시베리아를 정치범 수용소로 만들었지만 러시아에서 가장 계몽된 황제로 기억된다. 그는 전례 없는 진보적인 경제·사회 정책을 실시했고 서방국가는 물론 러시아의 대부분 지역을 방문했다. 크림전쟁을 단축시킨 후 그가 보인 대표적인 군사행동은 오스만제국과 벌인 전쟁이었다. 이번에는 불가리아의 독립을 위해서였다.

그는 농노제와 봉건주의적인 계약 하인 제도를 없애 인자하다는 평판을 얻었다. 재산으로 간주되던 농노가 사라지자 지주들은 대출 담보를 잃었고 곡물 수입이 늘어났다. 파산한 귀족들은 관료가 되었다. 그것을 출발점으로 마그나카르타와 비슷한 일련의 개혁이 시행되었지만 알렉산드르 2세의 두마(Duma, 러시아 의회)는 다음 세기가 되어서야 실현되었다. 혁명 조직인 인민의 의지파Narodnaya Volya 당원의 폭탄 테러로 1881년에 사망했다.

/ The Tsar Liberator

벨기에령 콩고

벨기에와 독일은 아프리카 식민지가 유럽 열강에 필수적이라고 여겼다. 그들은 제국주의 국가가 접근하지 않았던 콩고를 '자유무역 지역Free Trade Zone'으로 정하기로 1884년에 합의한다. 벨기에의 레오폴드 2세는 자신이 유일한 주주인 회사를 세우고 상업적으로 착취한다. 40년 동안 콩고의 인구는 절반으로 줄었다. 사람들을 강제로 잡아가 팜유와 고무 생산 노동을 시켰고 할당량을 채우지 못하면 굶기거나 잔인하게 살해하거나 자녀를 불구로 만들었다.

베르사유 조약으로 콩고는 영토가 늘어났다. 독일의 우생학은 투치족을 후투족보다 높이 대우했고 이는 결국 1994년에 르완다 집단 학살로 이어졌다. 1908년에 이르러 고무 대신 구리 생산으로 바뀌었고 레오폴드 2세는 콩고에 대한 지배권을 벨기에 정부에 양도했다. 제2차 세계대전 이후 교육과 복지 제도가 개선되었고 마침내 1960년에 벨기에가 콩고에서 물러났다. 1961년 총리로 선출된 파트리스 루뭄바Patrice Lumumba가 암살된 사건에 대해 벨기에 정부는 사과했다.

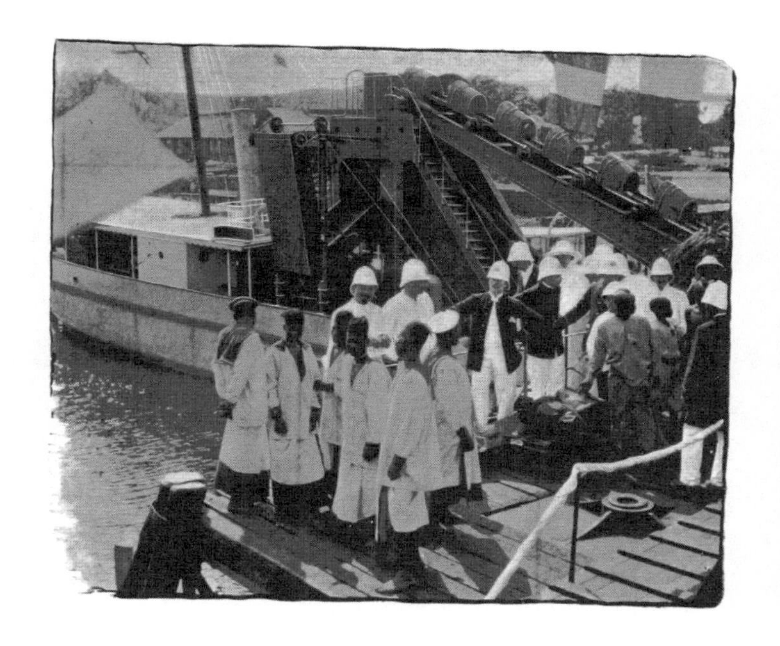

사진에 담긴 벨기에령 콩고의 초기 모습은 현실과는 딴판으로 평화로워 보인다.

엘리스 섬

1848년 혁명의 실패와 캘리포니아 골드러시로 수많은 유럽인이 새로운 삶을 꿈꾸며 미국으로 떠났다. 새로운 증기선 덕분에 싼값에 대서양 횡단이 가능했다. 1840년대 병충해로 아일랜드의 감자 농사가 망해 백만 명이 굶어 죽었다. 그보다 두 배나 많은 이들이 잉글랜드와 오스트레일리아, 특히 미국으로 이주했다. 알렉산드르 2세의 암살 후 일어난 집단 학살로 러시아에서 유대인 이민자들이 발생했다. 남북전쟁 이후 서부의 발전을 위해 마련된 홈스테드 법 덕분에 의지만 있으면 미국에 정착해 토지를 경작할 수 있었다.

엘리스 섬이 이민국으로 문을 연 것은 1892년이었다. 이민자 다수가 뉴욕에 정착했기에 뉴욕의 인구와 문화적 다양성은 런던에 버금가는 수준이 되었다. 1910년대 이민자 수는 최고치를 기록했지만 그 과정이 전적으로 포용적이지는 않았다. 캘리포니아에 중국인 이민자가 급증하자 지역 당국은 아시아 이민자 수를 엄격히 제한하려 했다. 제1차 세계대전 후에는 이민자 수 제한이 일반화되었다.

중일전쟁

중국과 일본은 근대에 커다란 전쟁을 두 차례 벌였다. 첫 번째는 1894~1995년, 두 번째는 1937~1945년에 있었다(일각에서는 제2차 세계대전의 진짜 시작이라고 본다). 쇄국령 이후 세계를 외면했던 일본은 1868년에 메이지유신으로 도쿠가와막부가 몰락하면서 제국주의 국가로 복귀했다. 애초에 전쟁의 명분을 제공한 것은 조선이었다. 기근과 쿠데타로 독립국가로서의 위치가 불안해진 조선은 동학혁명을 잠재우기 위해 중국에 지원 요청을 했다. 그러자 일본은 톈진 조약을 핑계로 원정군을 보내 서울에 친일 정부를 세웠다.

전쟁이 이어졌다. 유럽 장교단의 훈련을 받은 현대적 군대인 중국 상승군의 승리가 예상되었으나 일본은 조선을 통한 공격에 성공했다. 제국주의 일본의 해군이 중국 북양 함대를 격파하고 황해에서 우세한 위치를 차지했다. 그들은 만주까지 밀고 들어갔고 타이완을 점령했다.

시모노세키 조약으로 중국은 항구를 개항하고 배상금을 지불하며 한반도의 독립을 인정했다. 일본은 1910년에 조선을 합병시켰다. 만주는 여전히 중국 영토였지만 일본이 군사 지도자들을 통해 실질적으로 지배했다. 한편 러시아도 만주와 조선에 대한 야욕으로 일본과 러일전쟁을 일으켰다.

두 번째 중일전쟁이 이어졌다. 일본의 만주 재점령은 1931년에 시작되어 1937년에 소규모 접전이 전면전으로 번졌다(선전포고는 없었다). 일본은 상하이에 이어 수도 난징까지 함락했지만 막대한 사상자가 발생했다.

난징 학살은 악명 높은 사건이다. 민간인과 군인 등 약 2천만 명의 중국인이 목숨을 잃었다. 일본인 사상자는 100만 명에 이르는 것으로 추정된다. 중국은 게릴라전으로 맞섰고 꼭두각시 정부를 세우려는 일본의 시도는 큰 성공을 거두지 못했다. 세계적으로 일본에 대한 비판이 일자 연합국이 중국에 원조를 보냈지만 대체적으로는 관여하지 않았다.

에스파냐·미국 전쟁

나폴레옹의 반도전쟁 이후 에스파냐의 해상권은 약화되었다. 필리핀에서는 1896년 혁명이 일어났고 쿠바에서는 1868년부터 간헐적으로 봉기가 있었다. 1895년 쿠바의 호세 마르티가 게릴라전으로 성공을 거두었고 미국 신문들은 이를 미화했다. 에스파냐가 쿠바를 폭력적으로 억압하자 미국은 상황 확인차 쿠바에 메인 함을 보낸다. 1898년 2월 15일, 메인 함이 폭발로 가라앉자 미국 내에서 에스파냐에 대한 반감이 높아졌다. 의회는 텔러 수정안(쿠바를 미국에 합병시키지 않겠다는 내용)을 통과시키고 4월 25일 에스파냐에 전쟁을 선포했다. 미국이 세계열강이라는 공식 선언이었다.

전쟁은 4개월 만에 끝났다. 에스파냐는 자원이 부족했고 미국은 질병으로 인한 피해가 더 컸다. 작지만 정교한 미국 해군이 에스파냐 함대를 격파했다. 미국은 에스파냐의 모든 식민지(괌, 푸에르토리코, 필리핀)를 차지했고 하와이를 합병했으며 다음 해에는 사모아를 분할했다. 곧바로 필리핀에서는 반란이 일어나 1902년까지 이어졌다. 제2차 세계대전 후 필리핀이 독립했다.

FREE CUBA
REMEMBER
THE MAINE

의화단운동

홍수와 가뭄, 기근이 심해지자 중국의 산간벽지에 사는 사람들은 외부인에 의해 자연의 균형이 깨졌고 독일과 영국의 철도가 기를 막았기 때문이라고 생각했다. 불만이 커지면서 도교와 전통으로 돌아가게 되었다. '의화단'이라는 조직이 외세를 배척하는 운동을 벌였고 중국인 기독교도들을 학살했다. 처음에 의화단은 전체적인 지도자나 행동 계획 없이, 옛 방식으로 돌아갈 것을 주장하고 만주족을 중심으로 한 지배층을 몰아내고자 했다. 수백만 명이 희생되었지만 유럽인들이 죽임을 당하면서 세계가 관심을 쏟게 되었다.

야심 찬 정치인들, 특히 서태후에게 외국인과 만주족은 불만의 대상으로 유용했다. 1900년 6월 서태후는 모든 외국인을 살해하라고 지시했다. 이에 일본과 프로이센이 해군을 보냈고 서방의 군대도 곧 도착했다. 7월에 연합군이 포위된 베이징 영국 공사관을 회복하자 서태후는 의화단을 비난했다. 유럽 열강의 이어진 보복으로 중국의 봉건 왕조가 흔들렸고 1911년에 공화국이 탄생한다.

/ Boxer Rebellion

러일전쟁

1차 중일전쟁 후 러시아는 뤼순은 중국 영토이니 일본에 간섭하지 말 것을 주장하며 그곳을 점령했다(뤼순은 러시아의 태평양 항구 중 유일하게 겨울에 얼지 않는 곳이었다). 의화단운동을 진압해 만주를 차지하는 이득을 얻은 러시아는 일본이 자국 영토로 여기던 조선에도 관심을 가졌다. 머지않아 시베리아 횡단철도가 놓이면 러시아 군대의 이동이 쉬워질 것이라고 판단한 일본은 1904년 2월 8일 뤼순을 선제공격했다.
일본의 뤼순 점령은 7개월만에 무너졌지만 일본은 러시아 동부 함대를 침몰시켰고 1905년 선양 전투를 비롯해 지상 작전에서도 선전했다. 마침내 발틱 함대가 도착했지만 쓰시마 해전에서 격파당했다. 러시아는 내란까지 겹쳐 평화조약에 서명할 수밖에 없었다. 만주에서 철수하고 뤼순 항을 양도하고 일본의 조선 점령을 인정해야 했다.

러일전쟁은 세계를 깜짝 놀라게 했다. 19세기 지정학적 역학은 러시아에 대한 공포가 좌우했는데 비서양 열강이 만만찮은 경쟁자임을 증명했기 때문이다. 그러나 일본은 제2차 세계대전 때 자국의 군사력을 과대평가했다.

뤼순 전투에서 공격당하는 러시아 전함을 보여 주는 일본의 현대 삽화.

극지 탐험

북서항로(노르웨이의 로알 아문센이 1906년 처음 항해)는 북극해 항해를 고무시켰고 1820년 남극대륙 발견은 호기심을 키웠다. 과학과 제국주의의 자부심이 양극 지방으로 원정대를 파견하는 계기가 되었다(대부분의 유럽 열강은 물론 일본과 미국도 최소 한 번씩 보냈다). 같은 미국인이면서 라이벌인 프레더릭 쿡과 로버트 피어리는 1908~1909년에 북극에 도달했다고 주장했다. 피어리의 주장이 받아들여졌지만 여전히 논란이 있다. 최초의 원자력 잠수함 미국의 노틸러스가 1957~1958년에 물밑으로 극지방을 항해했다.

영국의 로버트 스콧은 남극 원정을 몇 차례 실시했다. 동료이자 라이벌인 어니스트 섀클턴도 여러 번 함께했다. 1912년 스콧은 테라 노바호로 떠난 원정에서 대원들을 이끌고 남극점에 도착했는데 이미 노르웨이 깃발이 꽂혀 있었다. 아문센이 몇 주 전에 도착한 것이었다. 스콧과 대원들은 돌아가는 길에 사망했지만 영웅으로 칭송받았다. 섀클턴은 인듀어런스호로 떠난 원정에서 조난을 당하지만 대원 전원이 무사히 귀환해 유명해졌다.

대량생산

공장이 퍼져 나가면서 생산 속도도 급증했다. 1890년대에 '과학적' 제조 이론이 크게 발달했다. 프레더릭 윈즐로 테일러Frederick Winslow Taylor의 시간 연구, 프랭크와 릴리안 길브레스Frank & Lillian Gilbreth의 동작 연구 분석이 발달을 자극했다. 헨리 포드는 분업화된 조립 생산 시스템으로 모델 T 자동차의 생산시간을 14시간에서 93분으로 단축했다. 개인이 한 가지 일을 반복하는 방법이었다. 이 시스템은 노동자가 제한된 정보만을 알고 있어 전시戰時의 보안에 도움이 되었지만 소외감을 느끼게 했다. 소비에트연방은 노동이 고귀한 것이라고 강조했지만 별 소득을 거두지 못했다.

미국 경제는 무한 시장을 위한 제품을 비숙련노동에 의존해 생산했다. 광고와 패션, 중복 또는 잉여, 대對유럽 원조가 제2차 세계대전 이후의 경제를 부흥시켰다. 독일에 이어 일본도 그 과정을 받아들였고 가격과 품질에서 미국을 앞섰다. 중국과 브라질은 환경과 노동자 권리를 희생시켜 가며 세계시장을 공략했다.

/ Mass production

대중매체

영사기의 원형으로, 정지된 이미지를 투과하는 매직 랜턴은 1800년대 초반에 나왔지만 움직이는 듯한 착각을 주려면 이미지가 빠르게 바뀌는 유연성 있는 필름이 필요했다. 셔츠 칼라에 사용되는 셀룰로이드가 이상적이었다. 프랑스 리옹에서 뤼미에르 형제는 재봉틀 부품으로 만든 휴대용 카메라·영사기를 이용한 이미지를 돈 받고 사람들에게 보여 주었다. 그들은 1895년부터 전 세계로 기사를 보내 미리 찍어 놓은 필름을 보여 주었다. 초기 영화는 정지된 프레임으로 움직임을 찍고 카메라를 움직여서 역동성을 더했다. 편집 기술이 발달해 더 길고 더 '창조적인' 작품이 가능해졌다.

19세기는 과학자들이 전기와 자기의 관계를 연구한 시기이다. 하인리히 헤르츠는 몇 미터 거리에서 불꽃 방전을 유도했고 굴리엘모 마르코니는 긴 케이블 안테나를 사용해 더 먼 거리에서 재현했다. 공학자들은 변조파로 음향을 내보내는 실험을 했다. 1906년 크리스마스이브에 음악 방송이 시작되었다. 1910년 선박과 육지를 연결하는 모스 통신이 살인범인 의사 크리픈Crippen을 검거하는 데 기여했다.

1912년 마르코니의 기기가 타이타닉호의 승객 700명을 구하면서 라디오 시대가 본격적으로 열렸다. 리 디포리스트가 개발한 삼극진공관이 증폭기로 사용되었다. 가정용 라디오가 판매되고 오락과 뉴스를 전하는 회사들이 등장했다.

필로 판즈워스와 블라디미르 즈보리킨은 최초로 이미지를 방송하는 시스템을 발명했다. 하지만 반半기계적인 방식으로 대중의 흥미를 자극한 것은 스코틀랜드의 존 로지 베어드였다. 1936년 영국방송협회BBC가 베어드의 시스템과 EMI의 전全 전자식 방식(판즈워스의 방식처럼 의구심을 품고)을 평가한 결과 후자가 더 효율적이었다. 나치 독일은 가정용은 허락하지 않고 국영 케이블방송으로 오락을, 극장에서 1936년 올림픽을 내보냈다. 미국은 1939년 만국박람회에서 케이블로 실험했다. 1941년에는 상업 TV가 나왔고 1950년대에는 컬러 송신이 가능했다.

인공위성을 통해 전 세계 사건을 실시간으로 볼 수 있게 되면서 겉모습이 더욱 중요해졌다. 오락이 중공업보다 수익성이 높아졌고 영어가 세계적인 언어가 되었다.

파나마운하

중앙아메리카의 지협에 태평양과 대서양을 잇는 운하를 건설하면 경제적 효과가 있으리라는 것은 분명한 사실이었다. 미국의 윌리엄 워커William Walker는 운하를 만들려는 코닐리어스 밴더빌트Cornelius Vanderbilt의 계획을 막기 위해 니카라과를 정복하고 짧게나마 대통령 자리에 오르기도 했다. 운하를 만들기에 안성맞춤인 곳이 또 있었는데 바로 현재의 파나마로 당시 콜롬비아의 땅이었다. 콜롬비아는 프랑스에 파나마운하 건설을 추진하도록 허락했지만 적절한 기술이나 인재가 없어서 막대한 금전 및 인명 피해가 발생했다.

그 후에는 시어도어 루스벨트 대통령(에스파냐·미국 전쟁 때 세운 업적으로 칭송받았다) 치하의 미국이 나섰다. 1903년에 미국은 파나마의 독립을 원조하고 (이는 콜롬비아의 분노를 샀다) 파나마를 보호국으로 삼았다. 운하는 1914년에 완공되었다. 파나마운하 건설은 전 세계에서 가장 큰 규모의 엔지니어링 공사 중 하나였으며 미국이 20세기에 라틴아메리카의 자치권에 개입한 첫 사례였다〔p. 388〕.

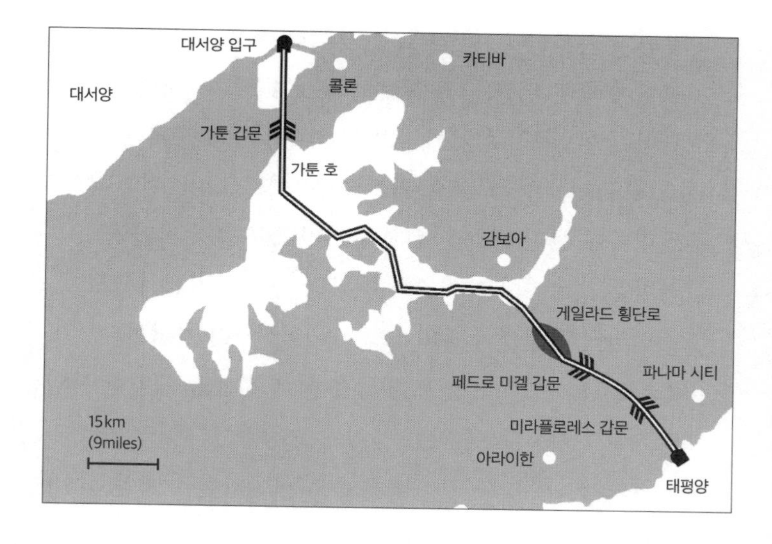

파나마지협을 77킬로미터 횡단하여 태평양과 대서양을 연결하는 파나마운하는 무역로를 크게 단축시킨다.

제1차 세계대전

발칸 국가들이 오스만제국을 유럽에서 몰아냈을 때 세르비아가 가장 큰 이득을 보았다. 1914년 6월 28일 세르비아의 민족주의자가 오스트리아의 황태자 프란츠 페르디난트를 암살하자 합스부르크 오스트리아·헝가리가 세르비아에 선전포고를 했다. 발칸반도의 유력 국가인 러시아는 세르비아를 지원하기 위해 군대를 집결시켰고 오스만제국은 동맹국(독일, 오스트리아·헝가리)에 가담했다. 비스마르크 시절부터 영토 확장을 위해 전쟁을 계획한 독일은 프랑스로 가는 길목에 있는 벨기에를 침공했다(삼국협상에 따라 프랑스는 러시아, 영국 편을 들었다). 모두 단기전을 예상했지만 1918년 11월 휴전까지 약 1,600만 명이 목숨을 잃었다.

이것은 최초의 산업 전쟁이었다. 탱크, 잠수함, 가시철사, 독가스, 기관총, 비행기 등 현대적 군사기술이 사용되었다. 처음에 독일의 전략은 성공을 거두었지만 프랑스를 눈앞에 둔 마른Marne 전투에서 독일군의 진격은 저지되었다. 서부전선은 4년 동안 참호전이 계속되어 정체 상태였다. 반면 동쪽에서는 동맹국이 성공을 거두고 있었다. 러시아의 무능한 지도자들

때문에 독일이 여러 차례 승리를 거두었고 결국 러시아는 10월 혁명으로 전쟁에서 물러났다.

한편 영국 해군은 대륙을 봉쇄했다. 1916년 유틀란트 해전으로 수상 함대가 약해진 독일 해군은 잠수함에 국한된 작전으로 영국의 해상 활동을 차단했다(영국은 1917년에 식량 배급량을 제한해야만 했다). 연합군(특히 영국과 그 식민지들)은 크림반도 근처의 갈리폴리에서 전선을 치고 오스만을 차단하고자 했다. 1916년 독일의 베르됭(프랑스) 공격이 실패했다. 며칠 만에 수천 명이 사망하고 독일은 1917년에 힌덴부르크 방어선으로 철수했다.

미국에서는 전쟁에 개입하지 않는다는 약속을 지킨 우드로 윌슨이 재선에 성공했다. 하지만 무분별한 잠수함 공격과 치머만 전보(멕시코에 보내는 동맹국 가입 초청장)로 인해 미국은 1917년에 전쟁에 참여했다. 1918년 봄, 독일의 마지막 공격 이후 전쟁은 소강상태에 접어들었다. 일각에서는 베르사유 조약을 25년의 휴전으로 본다. 곧이어 제2차 세계대전이 일어났기 때문이다.

갈리폴리

제1차 세계대전에서 오스만제국이 독일에 합류하자 메소포타미아와 수에즈운하 등 영국과 프랑스의 영토가 큰 위기에 처했다. 삼국협상 국가들은 지중해와 흑해를 연결하는 다르다넬스 해협을 열면 오데사의 러시아 배들을 보호하고 해군 작전과 함께 콘스탄티노플을 점령할 수 있을 것이라고 여겼다. 그러나 기상 악화와 수뢰水雷로 좌절되었다. 1915년 4월, 이집트에 군대가 상륙했다. 대부분은 프랑스와 영국군(아일랜드 사단 하나 포함)이었지만 오스트레일리아군과 뉴질랜드군(앤잭Anzacs), 인도군도 합세했다. 초기에는 오스만이 밀리는 듯했지만 곧 교착 상태에 빠졌다. 결국 영국·프랑스군은 철수했다. 불가리아가 동맹국에 가담한 후 그리스를 공격하기 위해서였다. 오스만과 영국 모두 막대한 사상자가 발생했고 뉴질랜드도 피해가 엄청났다. 오스트레일리아 정치는 아직도 영향을 받고 있다. 갈리폴리 전투에서 실패한 영국 정부는 다른 오스만 영토에서 새 전선을 치려고 했다. 하지만 러시아는 10월 혁명 때문에 전쟁에서 빠진다.

/ Gallipoli

부활절 봉기

19세기 말, 영국 정당들이 아일랜드에 대해 제한적이나마 자치 법안Home Rule을 실시해 독립에 대한 기대가 높아졌다. 자치 법안에 불만을 품은 북부의 개신교들이 군대를 모으고 무장 반란을 일으켰지만 1914년 제한적인 자치령이 승인되었다. 하지만 제1차 세계대전이 반발해 보류되었다.

개신교 군대에 자극받은 아일랜드 민족주의자들은 군대를 조직했고 독일에서 무기를 들여왔다. 1916년 부활절 월요일에 반란을 일으켜 더블린의 주요 시설을 점령하고 비무장 경찰에게 총격을 가했다. 약탈 과정에서 한 영국군 대위가 즉석에서 봉기군이 아닌 이들을 처형하자 계엄이 선포되었다. 토요일에 봉기군이 항복했고 포격과 총격으로 500명 이상이 죽고 수천 명이 다쳤다. 반역죄로 열다섯 명이 처형되고 수천 명이 투옥되었다. 2년 후 아일랜드 공화국군(Irish Republican Army, IRA)이 조직되고 1919년에 전쟁이 시작되었다. 지친 영국은 완전한 독립이 아닌 아일랜드 자유국Irish Free State을 제안했다. 새로운 아일랜드는 1923년까지 내전에 시달렸다.

부활절 봉기로 심하게 파괴된 더블린 브레드 컴퍼니 앞에 서 있는 사람들.

10월 혁명

독일 태생의 여제, 전쟁으로 인한 수많은 사상자, 기근, 광범위한 파업 등으로 러시아에서 반란이 일어났다. 특히 군대 안에서 더욱 심했다. 마지막 로마노프 황제 니콜라이 2세는 1917년 2월에 퇴위당했고 임시정부가 들어서 독일과의 싸움을 계속했다. 하지만 정치적 투쟁 속에서 계속된 반란과 군사 쿠데타로 중앙 권력이 약해지면서 블라디미르 레닌이 이끄는 볼셰비키 공산당이 중요한 존재로 떠올랐다. 10월에(러시아력 기준이며 원래 11월이다) 볼셰비키 군대는 소규모 유혈 사태만으로 정부의 중심지인 겨울궁전을 포위했다. 그 후 소비에트 의회가 권력을 잡고 다음 해에 니콜라이 2세는 처형되었다. 1918년 3월 브레스트리-토프스크 조약Treaty of Brest-Litovsk이 체결되어 러시아는 큰 대가를 치르고 제1차 세계대전에서 빠졌다. 서구 열강이 반공산주의 '백군'에 군대와 원조를 제공하고 적군에 대적하자 심한 내전이 일어났다. 저항이 계속 되다가 1922년에 소비에트사회주의공화국연방USSR이 공식 출범했다.

/ October Revolution

10월 혁명 2주년 기념일에 모스크바에 모인
레닌(중앙)과 소비에트 지도자들.

에스파냐 독감

흑사병 이후 최악의 전염병으로 최소한 5천만 명(제1차 세계대전에서 발생한 사망자나 에이즈 사망자보다 많다)이 죽고 수백만 명이 감염되었다. 에스파냐 독감(혹은 스페인 독감, 제1차 세계대전에 참전하지 않은 중립국 에스파냐 언론에서 처음으로 광범위하게 다뤄서 '에스파냐 독감'이라는 이름이 붙었다)이 어디에서 시작되었는지는 밝혀지지 않았지만 제1차 세계대전 당시 비위생적인 참호 안에서 급속하게 퍼졌다.

막대한 사망자가 발생한 이유는 엄청나게 강한 병독성 때문이기도 했다. 일반적인 인플루엔자와 달리 에스파냐 독감은 노약자나 어린이보다 군인 같은 젊고 건강한 이들이 더 많이 감염되는 듯했다. 세계 통신의 발달(특히 군대 이동)로 에스파냐 독감은 전 세계로 번졌다. 예를 들어 영국령 인도에서는 감염자가 속출했다. 1920년까지 여러 번 급증하다가 소멸되었다. 미국은 독일이 벌인 생물학전이라고 의심했다. 동맹국은 사망자 수가 부풀려지면서 크게 약화되었다. 에스파냐 독감은 급속한 전파만큼 빠르게 잊혔다.

/ 'Spanish flu' pandemic

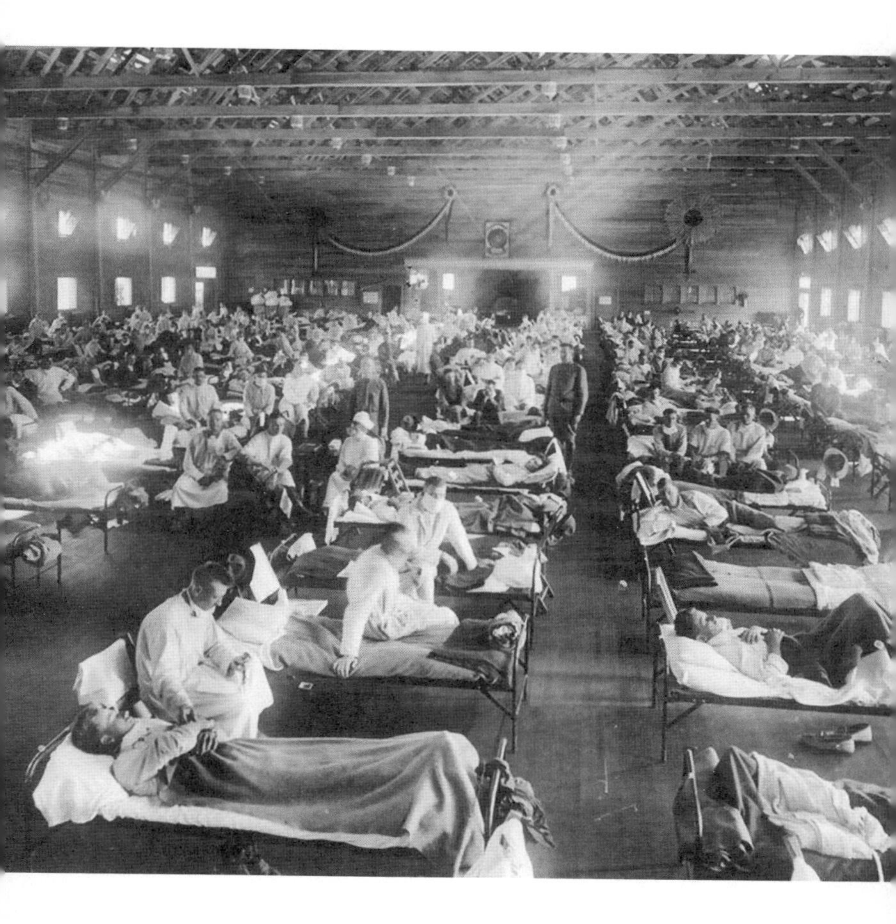

베르사유 조약

제1차 세계대전이 끝난 뒤인 1919년 파리 국제 공사관에서는 유럽의 지도를 다시 그렸다. 독일 영토(체코의 수데텐란트, 폴란드 인접 지역, 해외 식민지들)를 다른 국가들에 양도했다. 조약에는 전쟁의 책임을 독일과 최초로 공격을 실시한 오스트리아에 묻는 조항과 함께 막대한 전쟁배상금 지불, 군비 및 무장 제한 등이 포함되었다. 이러한 내용은 독일을 분노시켰고 경제에 큰 타격을 입혔다. 나중에 히틀러가 이를 이용해 사람들을 봉기시켰다.

4년간의 전쟁에서 교훈을 얻어야 한다는 것이 조약 체결 당시의 분위기였다. '모든 전쟁을 끝내는 전쟁'으로 전 세계가 평화를 위해 헌신해야 한다는 것이었다. 1920년에 국제평화기구 국제연맹League of Nations 창설을 위한 만남이 이루어졌다. 하지만 미국의 우드로 윌슨 대통령이 국민들의 찬성을 얻지 못하면서 처음부터 휘청거렸다. 1930년대에 중일전쟁, 아비시니아와 에스파냐 내전으로 국제연맹의 무능함이 증명되었다. 1945년에 창설된 국제연합United Nations이 좀 더 믿을 만했다.

핀란드
에스토니아
라트비아
리투아니아
덴마크
북부 슐레스비히
서프로이센
포즈난
독일
폴란드
상부 슐레지엔
알자스 로렌
체코슬로바키아
프랑스
오스트리아
헝가리
루마니아
스위스
이탈리아
유고슬라비아
베르사유 조약으로 만들어진 새로운 국가 또는 승계국들

무스타파 케말 아타튀르크

오스만제국은 오랫동안 쇠퇴의 길을 걸었다. 1875년 발칸반도에서 반란이 일어나고 1877년에는 러시아가 침략했고 오스트리아·헝가리에 의해 여러 공국을 빼앗기거나 베를린회의에 의해 독립시켜야 했다. 1908년 청년 튀르크당은 혁명을 일으켜 술탄을 끌어내렸다. 혁명가 케말 아타튀르크는 제1차 세계대전에서 크게 활약한 장군이었다. 연합군이 오스만제국을 와해시키고 콘스탄티노플을 차지한 후에는 독립운동을 시작했다.

오스만 난민들은 아나톨리아로 건너갔고 그곳은 1923년 아타튀르크가 대통령에 오른 터키공화국의 중심지가 되었다. 아타튀르크는 민족주의 노선에 따라 터키의 근대화에 힘쓰는 한편 콘스탄티노플을 이스탄불로 명명하고 이슬람 율법인 샤리아Sharia와 페즈Fez 모자 착용을 금지했다. 하지만 히잡은 금지하지 않았다. 세속 정부는 술탄 제도를 폐지하고 여성 참정권과 라틴 알파벳 사용, 공교육을 시행했다. 제2차 세계대전 때는 중립으로 나라를 보호했다. 터키의 민주주의 세속 정부는 회복력을 증명했다.

/ Mustafa Kemal Atatürk

스탈린

10월 혁명 이후 레닌은 1924년 사망할 때까지 소비에트연방을 이끌었다. 그는 공산당의 사무장 이오시프 스탈린을 물러나게 할 것을 제안했지만 받아들여지지 않았다. 스탈린은 정치투쟁을 거쳐 라이벌 레온 트로츠키(1940년에 암살당했다)를 1929년에 추방했다. 스탈린은 반대파를 억누르고 시베리아 강제 노동 수용소로 보냈으며 지속적인 군사 숙청과 여론 조작용 재판을 실시하는 한편, 산업화를 추진하면서 외딴곳의 새 도시로 사람들을 대거 이동시켰다. 농업 근대화 노력은 대실패로 돌아갔다. 1930년대 농장 집단화와 잘못된 유전학 이론에 따른 농업 개량으로 수백만 명이 굶주림에 시달렸다.

서구 열강은 독일이 소비에트연방에 대한 방어벽으로 남기를 원했는데 이는 수데텐란트 병합〔p.336〕에 중요 요소로 작용했다. 역으로 스탈린이 히틀러와 한 약속 때문에 러시아는 바로 독일을 공격하지 못했다. 루스벨트, 처칠과 함께 연합국에 참전한 스탈린은 소비에트연방을 지켰고 전후 러시아의 영향력을 크게 확대했다.

/ Stalin

대공황

남해 포말 사건과 비슷한 월스트리트의 1929년 주가 폭락 사건은 대량생산으로 10년간 번영을 이룩한 미국에 큰 충격이었다. 허버트 후버 대통령의 야심 찬 경제계획과 자유방임주의적인 은행 규제가 원인이었다. 농장들은 은행 파산에 이어 더스트볼(p.330)로 또 타격을 입었다. 노동자의 4분의 1이 실업자가 되었고 '후버빌'이라고 불린 판자촌에 살게 된 사람들이 많았다. 새 대통령 프랭클린 루스벨트는 1933년에 실업 구제와 사회 개혁을 골자로 하는 뉴딜 정책을 실시했다. 사회보장제도 등 현대 정부 제도를 위한 사회 기반 시설이 마련되었다. 제1차 세계대전 이후 여전히 불안정한 유럽 경제는 막대한 타격을 입었다. 독일은 인플레이션 때문에 빵 하나를 사는 데 엄청난 양의 지폐가 필요했다. 영국은 자국 화폐를 평가절하했지만 노조의 조치와 부유층 참여로 서서히 경제가 재건되었다. 라디오와 자동차, 영화가 성장을 자극했다. 유럽 전역에서 선동 정치가들이 위기를 이용해 '파시즘'이라는 권위주의적 사상을 선전했다.

/ Great Depression

더스트볼

기술 발전(특히 철로와 튼튼한 농기구를 제공한 저렴한 강철)은 남북전쟁 이후 미국에 수많은 이민자를 끌어당겼다. 처음에는 소 목축업이 인기였지만 철조망과 지나친 방목 때문에 농부들이 카우보이와 경쟁하게 되었다. 19세기의 습한 날씨는 농부들이 가능한 경작지를 전부 사용할 수 있도록 해 주었다(습기를 머금은 대초원을 쟁기로 갈고 나무를 제거했다). 1930년에 가뭄이 시작되자 건조한 들판이 빠르게 침식되었다. 몇 년 동안 모래 폭풍에 텍사스와 오클라호마에서 비옥한 땅의 표토층이 벗겨졌다. 1935년 4월 14일 일명 '검은 일요일'에 모래 폭풍이 대륙 전체에 모래를 몰고 왔다. 한 신문사 편집자가 '더스트볼'이라는 이름을 붙였다.

그래서 농업은 대공황의 피해를 누그러뜨리는 데 아무런 도움이 되지 못했다. 수백만 명이 땅을 잃고 캘리포니아나 플로리다로 이주했다. 의회는 토양 보존을 장려하는 법안을 통과시켰지만 미국 경제가 회복된 것은 1940년대에 다시 강수량이 늘고 제2차 세계대전에 참전하면서였다.

/ Dust Bowl

에스파냐 내전

냉전 시대 이전에 한 나라가 공산주의로 전환할 뻔했던 마지막 사건은 대리전 형태가 되었다. 에스파냐는 민주주의 선거 이후인 1931년 군주제를 폐지했지만 1936년 군사 쿠데타가 일어나면서 수십만 명의 사상자를 낸 치열한 내전의 불꽃이 점화되었다. 독일은 파시즘, 친가톨릭, 민족주의 성향의 국민군을 지원했고 러시아는 좌파 성향의 정부군을 지원했다. 서양의 민주주의 국가들은 불간섭 태도를 취했지만 민주공화국 에스파냐를 돕기 위해 전 세계에서 온 자원병으로 구성된 국제여단이 설립되었다. 그중에는 작가들(오웰, 헤밍웨이, 오든 등)이 많았다. 독일은 급강하 폭격기 스투카Stuka를 보내 서방의 지도자들을 경악시켰고 피카소는 게르니카 폭격을 그림으로 남겼다. 1939년 내전은 국민군의 승리로 끝났다.

국민군 지도자 프란시스코 프랑코는 죽을 때까지 독재자로 군림했다. 그는 제2차 세계대전과 그 후 재건 기간에 주로 중립을 지켰다. 1975년 그가 죽자 후안 카를로스가 왕으로 즉위했고 얼마 후 민주주의를 부활시켰다.

/ Spanish Civil War

아비시니아

통일된 이탈리아는 다른 유럽 국가들이 아프리카를 식민지화하는 것을 지켜보다 리비아와 동부 일부를 점령했지만 1896년에 에티오피아를 차지하려다 굴욕적인 패배를 겪었다. 이탈리아령 에리트레아와 소말리아 사이에 있는 에티오피아는 아비시니아제국의 중심지였다. 1935년 이탈리아의 새로운 지도자 베니토 무솔리니는 율리우스 카이사르를 모델로 삼아 '파시즘' 운동을 전개하고 에티오피아를 점령하겠다는 의지를 알렸다. 두 나라는 국제연맹과 켈로그 부전不戰 조약(참여국들 사이의 전쟁 포기 조약) 조인국이었다. 에티오피아의 하일레 셀라시에 황제는 영국과 프랑스의 원조로 이탈리아를 막으려고 했지만 무의미했다. 맨발의 보병 부대가 무솔리니의 탱크 대대와 맞서 싸웠다. 셀라시에는 영국이 조약상의 의무를 지키리라는 믿음으로 국제연맹에 원조를 호소했다. 그러나 이탈리아의 폭격 앞에서 국제연맹은 속수무책이었다. 중일전쟁으로 만주가 파괴되었고 이는 히틀러의 베르사유 조약 파기를 자극했다. 에티오피아는 제2차 세계대전 중에 독립했다.

수데텐란트 병합

베르사유 조약 체결 이후 독일은 황제가 물러나고 바이바르 공화국이 되었다. 하지만 1930년의 초인플레이션으로 경제가 초토화되었다. 무솔리니에 이어 아돌프 히틀러는 좌파적 미사여구를 동원해 파시즘 세력 기반을 다졌다. 나치당이 권력을 잡고 1933년에 그는 독일 수상이 되었다. 나치는 독일이 약해진 것에 대해 여러 희생양을 내세웠는데 공산주의자와 유대인이 대표적이었다. 국회의사당 화재 사건이 발생하자 히틀러는 공산주의자들의 반란이라면서 독재 정권을 세웠다. 잃어버린 독일 영토를 회복하고자 1935년에는 프랑스 영토인 자르 분지Saar Basin를 포위하고 1936년에는 라인란트를 차지했다. 그가 태어난 오스트리아도 1938년 독일에 동참했다. 그 후 히틀러는 독립한 체코슬로바키아에 속하는 독일어권 지역 수데텐란트로 시선을 돌렸다. 국제연맹은 아무런 힘도 발휘하지 못했다. 영국과 프랑스, 독일, 이탈리아는 뮌헨 회담에서 수데텐란트를 독일에 주기로 동의했다. 하지만 독일은 1939년 체코슬로바키아를 침략했다.

제2차 세계대전

제1차 세계대전을 겪은 유럽 지도자들은 똑같은 일이 되풀이되는 것을 막으려는 입장이어서 추축국(이탈리아, 일본, 독일)을 인정했다. 히틀러는 수데텐란트를 차지하려고 했지만 영국의 네빌 체임벌린은 이성적인 지도자라면 영국, 프랑스와 동맹을 맺고 있는 폴란드의 작은 영토를 두고 전면전을 펼치지는 않을 것이라고 판단했다.

하지만 독일이 1939년 9월 1일 폴란드를 침략했을 때 체임벌린은 적어도 재무장할 시간을 벌었다. 독일의 블리츠크리크(blitzkrieg, '전격전'을 뜻하는 독일어) 작전은 효과적이었다. (잠깐 동안 독일과 동맹을 맺은) 소비에트연방은 동쪽에서 물러났고 폴란드는 둘로 갈라졌다. 1940년 4월 독일은 덴마크를 점령하고 노르웨이(스웨덴의 금속 광물자원을 위한 보급로로 꼭 필요했다)를 침략했다. 노르웨이 함대가 대부분 격파되었고 독일 잠수함이 연합군 호송대를 공격해 영국은 1954년까지 배급 제도를 실시해야 했다. 독일은 또다시 벨기에를 거쳐 프랑스를 공격했다. 연합군은 됭케르크Dunkirk에서 후퇴했고 프랑스가 1940년

6월에 항복하자 나치는 프랑스에 비시정부를 세웠다. (샤를 드골 장군이 이끄는) 저항운동이 계속되었다.

독일은 영국 침략을 위해 영국해협의 공수작전에서도 우위를 차지하고자 많은 전투기를 투입해 브리튼 전투를 개시했다. 하지만 영국 공군이 물리쳤다(히틀러는 영국의 이착륙장보다 런던 공습에 몰두했다). 이탈리아의 무솔리니는 영토 확장에 나섰고 그리스를 침공했다. 이는 1941년 소비에트연방을 침략한 당시 독일의 자원을 소모시켰다. 연합군(진주만 공습 이후 미국 참전)은 아프리카에서 이탈리아를 몰아붙였고 독일의 롬멜 사령관은 1942년 알알라메인에서 대패했다. 연합군은 1943년에 이탈리아를 공격해 1944년 6월 4일 로마를 점령했다(무솔리니는 농민군에 처형되었다). 공격 개시 이틀 후에 연합군이 노르망디에 상륙해 프랑스를 탈환했다. 12월의 벌지 전투는 독일 최후의 반격이었지만 결국 모든 방어선이 무너졌다. 소비에트 군대가 베를린에 들어오자 히틀러는 1945년 4월 30일 자살했고 9일 후 독일은 항복했다. 총 사망자는 6천만 명이 넘는다.

스탈린그라드와 레닌그라드

블리츠크리크 작전으로 나치는 프랑스와 폴란드에서 빨리 승리를 거두었다. 히틀러는 소비에트연방도 공격했다. 독일 육군은 모스크바와 레닌그라드(이전의 상트페테르부르크)를 점령하기 위해 1941년 6월 22일 바르바로사 작전을 개시했다. 러시아 육군은 스탈린의 군사 숙청과 독일 동맹 핀란드와의 겨울 전쟁으로 약화되어 있었다. 9월에 독일은 레닌그라드를 포위했지만 모스크바 공격을 위해 군대를 재배치했다. 하지만 (나폴레옹과 마찬가지로) 혹독한 겨울 날씨가 독일군을 잡았다. 모스크바 점령 실패로 빠른 승리에 대한 히틀러의 희망도 깨졌다. 독일은 1944년까지 레닌그라드를 포위했지만 스탈린그라드(볼고그라드Volgograd)와 남부 유전 지대를 차지하려던 1942년 작전 또한 막대한 피해를 내고 결국 실패했다. 독일은 더 이상 감당할 수 없는 수준에 이른 반면 소비에트연방은 산업 역량과 징병제로 군대가 확장되었다. 독일이 쿠르스크에서 후퇴한 후 2년 동안 소비에트는 진군했다. 1945년 소비에트가 동유럽과 베를린을 차지하면서 유럽의 주요 분쟁은 마무리되었다.

/ Stalingrad and Leningrad

진주만

미국은 제1차 세계대전이 끝나고 체결된 베르사유 조약으로 탄생한 국제연맹에 가입하지 않기로 하고 지정학적 고립주의로 독자 노선을 추구했다. 하지만 제2차 세계대전이 터지자 프랭클린 루스벨트 대통령은 '무기대여법'을 제정해 영국을 원조하고 1941년 6월 자국 보호를 위해 하와이에 함대를 배치했으며 추축국의 자원을 동결하는 행정 명령에 서명했다.

1941년 11월 무기대여법에 의한 원조가 소비에트 연방에까지 확대되었지만 독일은 미국으로부터 아무것도 얻지 못했다. 하지만 또 다른 추축국인 일본은 달랐다. 일본은 전쟁에 필요한 철은 물론이고 석유의 90퍼센트를 미국에서 수입했지만 루스벨트의 조치로 공급이 끊기자 석유가 풍부한 인도네시아를 공격하고 미국 함대를 무력화하려고 했다.

1941년 12월 일본이 하와이 진주만의 미군 기지를 공습한 것은 전혀 예상하지 못한 일이었다. 워싱턴 주재 일본 대사관조차 공격이 개시된 후에야 전쟁 선포 암호를 해독했다(미국의 암호 해독자들이 더 빨랐지만 경고하지 않았다).

진주만 공습으로 미군 약 2천 명이 사망하고 전함 5대가 침몰했다(항공모함은 격침당하지 않았는데 이 점은 태평양이 매우 거대한 전쟁터라는 면에서 중요했다). 분노한 미국은 제2차 세계대전에 참전했다. 독일과 이탈리아가 12월 11일에 전쟁을 선포하자 미국은 유럽 전투에도 참여했다. 그 후 유럽에 대한 원조가 크게 늘어났고 미국은 1942년 북아프리카에서 벌어진 연합군 전투에도 합류했다.

일본은 1942년 산호해 해전에서 미군을 교착 상태에 빠뜨리면서 태평양전쟁 초기에는 큰 승리를 거두었다. 하지만 미드웨이 해전에서 중요한 항공모함을 격파당했다. 또한 일본은 전략적으로 중요한 싱가포르와 버마를 영국으로부터 빼앗았다. 일본은 필사적으로 방어전을 펼쳤지만(1944년 필리핀에서 함대가 거의 전멸) 1945년 미국은 히로시마와 나가사키에 폭탄을 투하했다. 1945년 8월 15일 일본이 항복하면서 제2차 세계대전이 마침내 막을 내렸다.

간디와 처칠

종군기자로 보어전쟁에 참여한 윈스턴 처칠은 대영제국에 팍스 로마나가 찾아왔다고 믿었다. 반면 인도의 변호사이자 남아프리카에서 일한 모한다스 K. 간디는 영국이 최악의 시기에 놓여 있다고 생각했다. 그는 레프 톨스토이와 서신 교환 후 톨스토이의 '시민 불복종Civil Disobedience'과 힌두교 가르침을 합쳐 정치적 변화를 이루기 위한 소극적 저항을 시작했고 자신의 트레이드마크가 된 전통 의상 도티를 입었다. 네루와 보스 같은 독립운동가들은 간디의 방식을 신뢰하지 않았다.

1942년 초, 싱가포르가 일본에 항복한 후 처칠은 인도 정치가들과의 협상을 위해 스태퍼드 크립스Stafford Cripps를 보냈다. 크립스는 캐나다나 제1차와 제2차 세계대전 사이의 아일랜드처럼 전쟁 종결 후 영연방 자치령을 제안했다. 보스는 싱가포르에서 포로로 잡힌 인도군들을 모아 영국에 대항했다. 일본이 버마를 침략했을 때 처칠은 캘커타 지역에서 쌀 수탈 명령을 내렸다. 최소한 300만 명이 기근으로 사망했고 처칠의 비타협적 태도로 수많은 이들이 목숨을 잃었다.

/ Gandhi and Churchill

유대인 대학살

1938년부터 나치에 의해 '바람직하지 못한' 사람들은 강제 수용소로 보내졌다. 집시, 동성애자, 장애인 등이 여기에 포함되었다. 볼셰비키도 잡아들여 죽였지만 가장 혹독한 핍박 대상은 유대인이었다. 독일은 여러 서구 국가들과 마찬가지로 반유대주의 정서가 강했는데 그것이 파시즘으로 강화되었고 사이비 과학인 우생학을 이용해 아리아 민족의 순수 혈통과 우월성을 강조하고 다른 인종을 제거하려고 했다.

나치는 1941년 소비에트 침공 이후 극단적 조치가 필요하다고 결론 내렸다. 이른바 '최종 해결Final Solution'이었다. 피해자들은 나치 친위대 SS를 이끄는 힘러가 지휘하는 죽음의 수용소로 보내져 취클론 B라는 무색무취의 독가스로 대량 학살당했다. 제2차 세계대전 발발 전에는 유럽 전역(대부분 동유럽과 독일)에 900만 명이 넘는 유대인이 살았지만 1945년에는 그중 3분의 2가 목숨을 잃었다. 정확한 수치는 파악할 수 없다. 전쟁이 끝나고 아우슈비츠와 부헨발트가 해방될 때 동행한 기자들이 참상을 세상에 알렸다.

히로시마와 나가사키

원자핵분열이 막대한 에너지를 낼 수 있다는 사실이 널리 알려졌고 1933년에 레오 실라르드는 핵연쇄반응에 필요한 실용 모형을 만들었다. 그는 평화주의자였지만 나치가 원자폭탄을 먼저 개발할지도 모른다는 두려움에 아인슈타인과 함께 루스벨트 대통령을 설득해 맨해튼 프로젝트를 실시했다. 로버트 오펜하이머가 지휘하고 전 세계 학자들이 참여한 프로젝트였다. 1945년 7월 16일 뉴멕시코에서 세계 최초의 핵무기 실험 트리니티 테스트가 실시되면서 원자력의 시대가 열렸다. 루스벨트가 사망할 당시 그의 책상에는 아인슈타인이 제안한 무인도 테스트 제안서가 있었다. 그 뒤를 이은 해리 트루먼 대통령은 신무기를 사용하면 태평양전쟁을 빨리 끝낼 수 있으리라고 생각했다. 8월 6일과 9일, 일본 히로시마와 나가사키에 원자폭탄이 투하되었다. 최소 20만 명이 사망하고 일본은 9월 2일 항복을 선언했다. 1949년 소비에트연방도 핵폭탄을 갖게 되었다. 아인슈타인, 오펜하이머 등은 평생 핵무기 확산 방지 운동에 참여했다.

/ Hiroshima and Nagasaki

인도와 파키스탄 분할

제1차 세계대전 이후 인도의 독립이 아니라 그 방법이 쟁점이었다. 미국의 트루먼 대통령이 영국에 전시 채무 상환을 요구했지만 영국은 제국을 감당할 여력이 없었다. 네루와 간디는 통일국가를 요구하는 한편 소수의 이슬람교도들은 힌두 국가에서의 집단 학살을 두려워해 분할을 주장했다. 1905년에 실시된 영국 총독 커즌의 분할 정책으로 이슬람교도들은 떠돌이 신세가 되었다. 시크교도는 이슬람교도가 대부분인 북부의 펀자브 주, 특히 라호르와 암리차르에 집중되어 있었다. 영국군이 철수할 무렵 조지 6세의 사촌으로 유명한 마운트배튼 경이 인도의 마지막 총독으로 부임했다. 1947년 8월 15일 인도의 독립이 확정되었다. 바로 전날에는 현재의 방글라데시를 포함해 파키스탄의 여러 지역도 독립했다. 국경선은 인구와 강, 철도 위치를 기준으로 정해졌는데 더 일찍 발표했다면 막대한 인명 피해를 피할 수 있었을 것이다. 폭도들이 라호르 같은 도시를 '정화'한답시고 파키스탄 분할로 인해 발생한 난민 1,500만 명 중에 100만 명을 죽였다.

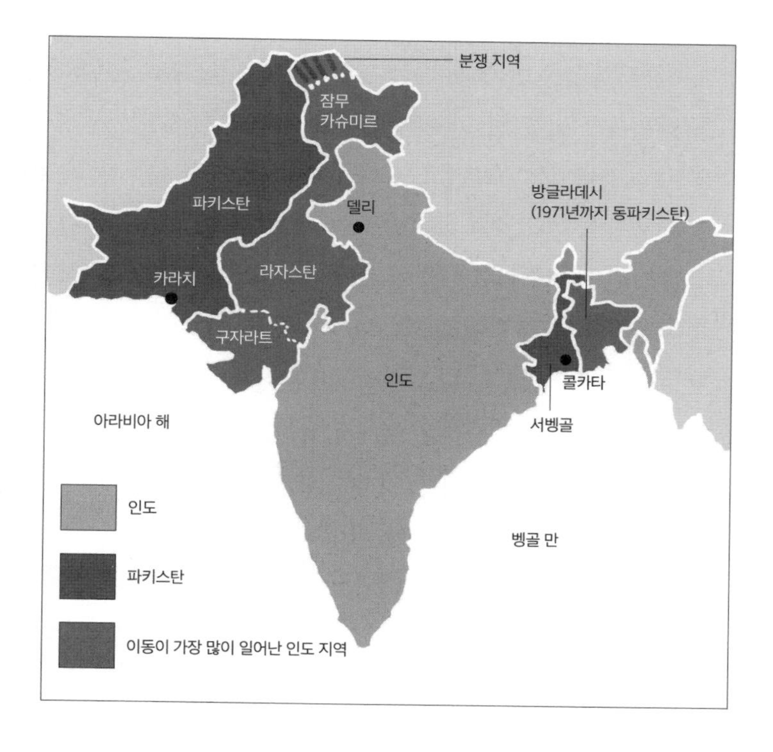
분쟁 지역
잠무
카슈미르
파키스탄
델리
방글라데시
(1971년까지 동파키스탄)
카라치
라자스탄
구자라트
인도
콜카타
서벵골
아라비아 해
벵골 만
인도
파키스탄
이동이 가장 많이 일어난 인도 지역

이스라엘과 팔레스타인

19세기 유럽 국가들과 유대인 디아스포라 사이에서 유대인의 땅 이스라엘에 대한 지원이 커졌다. 제1차 세계대전과 오스만제국의 와해 이후 영국은 팔레스타인을 점령해 독립을 원하는 아랍인들을 분노시켰다. 결국 요르단 강 너머는 아랍에 양도되었다(영국의 지배는 계속되었다). 1930년대에 영국은 유럽으로 이주하려는 수만 명의 유대인들을 제한하는 방법으로 지배권을 유지하려고 했다. 하지만 1936년 아랍에서 반란이 일어났고 영국은 제2차 세계대전 전에 간신히 반란을 잠재웠다. 트란스요르단Transjordan이 요르단으로 1946년에 독립했고 유대인 대학살에 대한 혐오감은 국제연합이 1947년 이스라엘 건국을 지지하게 만들었다. 수많은 아랍인이 쫓겨나 난민으로 전락했다. 1948년 영국이 발을 뺀 후 주변 국가들이 아랍연맹을 결성해 이스라엘을 공격했다. 국제연합의 중재에도 전쟁은 1949년까지 계속되었다. 하지만 이스라엘이 승리를 거두었고 전 세계에서 유대인 정착자들이 몰려들었다.

/ Israel and Palestine

마오쩌둥

의화단운동으로 약해진 청나라 왕조는 1911년에 멸망했다. 오랫동안 혁명가로 활약한 쑨원이 공화국의 총통이 되었지만 군인 출신의 위안스카이가 쑨원을 밀어냈다. 그 후 혼란이 뒤따랐지만 위안스카이가 죽은 후 쑨원이 복귀해 중국 통일을 주장했다. 그를 지지하는 국민당이 1926년 북벌 전쟁으로 정권을 잡았고 쑨원이 사망한 후 장제스가 권력을 쥐었다. 상하이 자본가들로부터 자금 지원을 받은 그는 수천 명에 이르는 공산주의자들을 숙청했다. 또다시 내전이 일어났고 학생 혁명가 출신인 마오쩌둥이 반란군에서 주요 인물이 되었다. 마오쩌둥과 장제스는 중일전쟁으로 어쩔 수 없이 합작했지만 일본이 항복한 후 다시 분쟁이 일어났다. 공산주의자들은 토지를 나눠 주겠다는 약속으로 마침내 중국을 정복했다. 마오쩌둥의 사상은 산업보다 농업을 강조한다는 점에서 마르크스·레닌주의와 달랐다. 그는 1949년에 중화인민공화국을 세우고 대대적인 처형과 강제수용소로 권력을 확고하게 다졌다. 남은 국민당 세력은 타이완으로 도주했다.

/ Mao
毛泽东
MAO ZE DONG
1893·12·26 — 1976·9·9

베를린 공수작전

제2차 세계대전 후 독일은 동서로 분리되었다. 특히 소비에트는 독일 동부를 차지하고 막대한 배상금을 뜯어냈다. 베를린도 그 지대에 속했지만 연합국들이 공동으로 분할 점령했다. 프랑스와 미국, 영국이 자신들의 영토를 합쳐서 1948년 6월에 연방공화국(서독)을 수립했다. 스탈린은 서베를린으로 가는 모든 육로를 차단했다. 서베를린은 11개월 동안 매일 몇 천 톤의 보급품을 항공기로 전달받았는데 스탈린의 방해가 이어졌다. 다른 국가들은 한때 동맹이었던 소련을 새로운 위협으로 인식하고 북대서양조약기구NATO를 창설했다. '냉전'의 시작이었다.

서독은 경제가 되살아나고 무역 거래와 유럽 경제의 중심지가 되었다. 소련의 니키타 흐루쇼프 총리는 1962년에 서베를린을 고립시키기 위한 거대한 장벽 건설을 허가했다. 서베를린에 예술가와 기업가들이 대거 몰려들었다. 서베를린은 스파이 작전의 온상이기도 했다. 1989년 시민들에 의해 베를린장벽이 무너진 것은 소비에트연방의 붕괴가 임박했다는 뜻이었다.

/ Berlin Airlift

6·25 전쟁

제2차 세계대전이 끝나고 미국과 소련은 폐허가 되어 자치 능력이 없는 나라를 지배하고 때로는 분단시키기도 했다(베를린 공수작전도 그래서 일어났다). 한국은 수세기 동안 독립국가였다가 1차 중일전쟁으로 일본에 합병되었다. 미국의 외교관 딘 러스크는 독단적으로 한국을 38도선을 기준으로 나누어 소련이 북쪽을, 미국이 남쪽을 점령하자고 제안했다. 두 국가 모두 자국의 정치적 신념과 일치하는 정부를 수립해 분쟁이 일어났고 공산주의 북한이 1950년에 남한을 침략했다. 미국과 유럽은 남한을 지원했고 중국의 마오쩌둥은 북한에 군대를 보냈다. 한반도의 '국지적 군사행동'은 1953년 휴전협정으로 끝났다. 300만 명이 죽고(대부분 한국인) 분쟁의 씨앗이 된 38선과 비슷한 비무장 지대가 아직도 남아 있다. 이 사건은 국제연합의 무능력을 보여 준 것 외에도 냉전 시대에 일어난 최초의 대리전이었다.

인도차이나 전쟁

캄보디아의 왕 앙 두옹은 나폴레옹 3세의 원조로 베트남과 타이의 공격을 물리쳤다. 나중에 타이는 제국주의 국가들이 서로 다투게 만들었다. 영국은 버마를 지키려고 싸웠지만 1860년대에 베트남과 라오스, 캄보디아는 프랑스 보호령이 된다. 1946년에 프랑스가 '보호'를 재개하려고 했지만 공산주의 혁명가 호찌민이 북베트남에서 베트남민주공화국을 선포했다. 반공산주의 남베트남은 프랑스에 도움을 요청했다.

1차 인도차이나전쟁은 1946년에 시작돼 1954년까지 계속되었다. 프랑스는 디엔비엔푸 전투 이후 철수했다. 한국을 점령한 미국이 경제원조와 군사 자문을 지원했다. 제네바 협정에 따라 베트남은 남북으로 갈라졌고 나중에 자유 총선거를 하기로 했다. 하지만 응오딘지엠이 남베트남에서 단독선거를 실시해 독재를 하다가 1963년에 암살당했다. 미국이 원조하는 남베트남과의 전쟁이 재개되었다.

남베트남의 반란군 베트민은 게릴라 작전을 성공적으로 펼쳤고 나중에는 북베트남의 원조도 받았다.

마우마우 봉기

영국의 식민지 케냐에는 다수의 유럽인이 정착해 있었다. 영국에 맞서기 위해 1947년에 키쿠유족을 중심으로 비밀결사 마우마우가 결성되었다. 처음에 이들의 절도나 방화는 단순 범죄로 취급받았지만 친영파인 와루히우 족장Chief Waruhiu이 1952년 살해되자 에벌린 베어링Evelyn Baring 총독은 비상사태를 선포했다. 민족주의 지도자 조모 케냐타Jomo Kenyatta(사진)가 연루 혐의로 체포되었다. 1953년 백인 가정 살해 사건을 계기로 유럽인들은 군대를 조직했다.

1955년 베어링은 케냐타의 사면을 요구했으나 백인 소년 두 명이 살해당하는 사건이 일어나자 취소했다. 1956년 1월까지 영국에 의해 약 7만 명이 감금되고 1만 명이 사망했다. 당시 인권유린의 실상은 최근에야 드러나고 있다. 1959년 베어링은 비상사태를 중단했지만 민족주의 지도자들은 당시 71세였던 케냐타가 참여할 때까지 협상을 거부했다. 케냐타는 1963년 5월 실시된 최초의 다민족 선거에서 대통령에 당선되어 케냐의 독립과 사면을 선포했다.

수에즈 위기

지중해와 페르시아 만을 잇는 수에즈운하는 프랑스가 건설을 맡아 1869년에 개통되었다. 영국은 보호령 이집트의 수에즈운하에 대한 운영권을 가졌다. 하지만 1952년에 쿠데타가 일어나 나세르가 집권하게 되었다. 나세르는 수에즈운하를 국유화해서 그 수익을 이스라엘 견제에 사용하려고 했다. 나세르는 소련의 원조도 받았다.

모세 다얀 장군이 이끄는 이스라엘 군대가 이집트에 쳐들어왔다. 나세르의 조치에 피해를 입은 영국과 프랑스도 가담했다. 소련의 헝가리 침공을 묵인한 것과 달리 영국은 강경하게 반응했다. 병환 중이던 영국의 앤서니 이든 수상은 국제 정세를 잘못 판단했다. 장군 출신으로 프랑스 드골 대통령의 동료인 미국 아이젠하워 대통령은 이집트 공격에 대한 지지를 거부했다. 소련의 흐루쇼프 총리는 핵 공격을 하겠다고 위협했다(지금 밝혀졌듯이 당시 그럴 능력이 없었다). 영국과 프랑스, 이스라엘의 이집트 공격은 초기에 승리를 거두지만 영국과 프랑스는 제국주의 이후의 현실 정치에 적응할 수밖에 없었다. 하지만 나세르는 계획을 포기했다.

/ Suez Crisis

우주개발 전쟁

미국의 로버트 고더드, 영국과 소련의 과학자들은 대기권을 벗어난 로켓 비행 가능성을 내놓았다. 나치 독일은 이것을 군사용으로 사용했다. 제2차 세계대전 후, 냉전 경쟁자들은 히틀러의 전문가들을 데려가 우주여행과 장거리 미사일을 연구하게 했고 1957년 10월 4일 소련은 첫 인공위성 스푸트니크 1호를 발사했다. 미국은 정치 선전을 포함해 소련의 우주개발이 가져올 부정적 영향을 우려했다. 1961년 4월 12일 유리 가가린이 세계 최초로 우주 비행에 성공하자 케네디 대통령은 1970년까지 달에 사람을 보내겠다고 했다. 1969년 7월 20일 닐 암스트롱은 달에 첫 발자국을 찍었다. 그 후 유인 탐사에 대한 관심은 줄어들었다. 닉슨 대통령은 베트남 때문에 우주산업 예산을 축소했고 나사는 우주왕복선을 재사용한 지구 근접 비행과 다른 행성으로의 무인 탐사에 집중했다. 기후와 통신, 정찰 위성으로 우주산업은 경제적으로 중요해졌지만 서양에서는 사기업들이 주도한다. 러시아는 유인우주선을 계속 발사하고 중국과 인도가 새로운 우주개발 전쟁에 돌입했다.

/ The Space Race

시민권

미국에서는 재건 시대 이후 인종차별법인 '짐크로 법'이 부각되면서 인권 운동이 다시 일어났다. 역사적으로 미국의 '시민권 운동'은 대법원의 1954년 브라운 대 보드 교육위원회 결정(흑인과 백인 아이들이 함께 교육을 받게 된다)에서 1968년 마틴 루서 킹 주니어(사진) 암살에 이르는 기간에 일어난 운동을 의미한다.

마틴 루서 킹 주니어는 앨라배마 몽고메리에서 일어난 버스 보이콧 사건(인권 운동가 로자 파크스가 법을 무시하고 버스에서 자리를 옮기는 것을 거부한 사건) 이후 기독교 비폭력에 대한 설교, 소송과 연좌 데모, 행진을 이용한 것으로 유명해졌다. 말콤 엑스 또한 영향력이 컸다(1965년 암살). 그는 초기에 흑인 민족주의를 옹호하면서 큐클럭스클랜KKK이 인권 운동 지도자와 아이들을 살해(1963년 앨라배마 버밍엄에서 일어난 교회 폭탄 테러)하는 나라에서는 자기방어가 정당하다고 주장했다. 1963년 민권법, 1965년 투표권법이 제정되었고 1968년에는 사회적 차별은 아니라도 법적 차별은 대부분 사라졌다.

/ Civil Rights

쿠바

에스파냐·미국 전쟁의 여파로 쿠바는 표면상으로 독립국이 되었지만 미국의 그늘에 있었다. 1901년 플랫 수정안Platt Amendment에 따라 쿠바는 미국의 개입을 허용해야만 했다. 미국은 군대를 자주 보냈다. 사탕수수가 중요한 작물이 되었고 미국의 이익 단체들이 쿠바를 통제하려 했다. 쿠바의 군인 풀헨시오 바티스타는 반란을 일으켜 1933년 집권에 성공했다.

피델 카스트로는 1950년대에 몇 차례 혁명을 일으킨 끝에 1959년 마침내 사회주의국가를 선포했다(이내 일당이 되었다). 부유한 쿠바인들은 플로리다로 건너갔고 미국은 오늘날까지도 유효한 제재를 가했다(관타나모 미군 기지도 여전하다). 1961년 케네디가 지원한 피그스 만 침공은 실패로 끝났고 쿠바와 우호적이면서 신중한 관계에 돌입한 소련은 (미국이 영국과 터키에 했던 것처럼) 쿠바에 핵미사일을 보냈다. 케네디는 이에 핵전쟁도 불사하겠다고 선포했고 결국 흐루쇼프는 굴복했다. 카스트로는 2008년에 동생 라울 카스트로에게 정권을 이양했다.

미국이 쿠바의 미사일 기지를 첩보기로 촬영한 이 사진이
1962년에 쿠바 미사일 위기를 촉발했다.

환경주의

농업혁명과 화학은 식량 보급에 큰 도움이 되었지만 자연 주기의 균형을 깨뜨렸다. 합성 살충제 오염의 심각성을 경고한 레이철 카슨의 『침묵의 봄』(1962)은 대중의 분노와 행동을 일으켰다. 아폴로 8호가 1968년 크리스마스에 최초로 지구 밖에서 찍은 지구 전체의 사진은 지구의 연약함을 느끼게 해 주었다. 1970년 미국 정부는 뒤늦게 환경보호국을 신설했다. 핵폐기물, 유전자 변형 작물 반대 같은 대의를 위해 투쟁하는 녹색당도 속속 생겨났다. 유럽에서 녹색당은 작지만 중요한 정당으로 활약하고 있다.

CFCs(염화불화탄소 화합물)라고 알려진 산업 화학물질이 과도한 자외선을 흡수하는 오존층을 파괴했다. 1987년에 국제적으로 CFCs 사용을 금지하는 몬트리올 의정서가 채택되었다. 경제적 효과가 미미해서라는 이유도 있었다. 과학자들은 화석연료 연소가 지구온난화에 직접적 영향을 끼쳐 인류 문명을 위협한다고 말하지만 지금까지 그런 경고는 주로 무관심이나 무대책에 부딪치고 있다.

/ Environmentalism

변화의 바람

1960년 1월 6일, 해럴드 맥밀런(사진)은 영국 총리로서는 처음으로 사하라사막 이남 아프리카를 방문했다. 그의 여정은 갓 독립한 가나에서 시작되었다. 그는 아프리카 국가들이 자율권을 되찾으면 인도와 파키스탄 분리 같은 일이 반복될 것이라고 우려했다. 그는 '변화의 바람'이 아프리카를 휩쓸고 있고, 고립주의나 소련을 지지하지 않는다면 아프리카 독립국가들에 기회는 활짝 열려 있다고 말했다. 2월 3일, 케이프타운에서 같은 내용의 연설을 하자 남아프리카공화국의 페르부르트 총리는 자신의 인종 분리 정책에 대한 공격으로 보고 아파르트헤이트를 강화했다. 로디지아의 이언 스미스는 강경한 고립주의를 추진했다. 1960년에서 3년 안에 소말리아, 나이지리아, 시에라리온, 탄자니아, 케냐가 독립했다. 프랑스는 한 세기에 걸친 알제리와의 인연을 끊고 원주민 보충병인 하르키도 버렸다. 그 결과 한 세대에 걸쳐 테러 공격이 이어졌다. 프랑스의 실수는 영국의 얼스터 정책과 미국의 이라크 정책에도 영향을 끼쳤다.

/ Winds of Change

케네디

전임 아이젠하워와 마찬가지로 존 F. 케네디는 제2차 세계대전의 영웅이었다. 군에서 세운 공로와 TV 토론에서 보여 준 자신감 있는 모습에 힘입어 케네디는 1960년 대통령에 당선되었다. 케네디와 그의 아내 재클린은 ('캐멀롯Camelot'이라고 불린) 백악관에 가정을 꾸리고 영화배우, 우주비행사 들과 교류했다. 케네디의 국제 정책은 대부분 냉전과 관련 있었다. 1961년 베를린장벽이 세워졌고 쿠바에서의 중재는 실패임이 공인되었으며 베트남에서의 분쟁은 과열되었다. 하지만 그는 평화봉사단을 만들고 우주개발 프로그램을 육성하고, 1963년에는 소련과 (부분) 핵실험 금지 조약Nuclear Test Ban Treaty을 맺었다. 미국 내에서는 민권법을 실행했다.

1963년 11월 22일 케네디가 암살된 사건은 전 세계를 충격에 빠뜨렸고 수많은 음모론을 양산했다. 후임 린든 존슨 대통령은 케네디의 유산을 이어받아 민권법과 예술, '위대한 사회Great Society'와 관련된 법률을 제정했다. 그 후 케네디 가문은 정치인을 여럿 배출했다.

아파르트헤이트

1910년에 건국한 남아프리카연방(The Union of South Africa, 현 남아메리카공화국)에서 흑인은 항상 통행권을 지참해야 하고 선거나 토지 소유가 불가능하다는 법률이 제정됐다. 1948년에 집권한 국민당은 안종 분리 정책인 아파르트헤이트를 더욱 강화했다. '유색인종'이라는 범주를 지어내 혼혈 혈통까지 포함시켜 더 많은 사람의 인권을 부정했다.

처음에 아프리카민족회의(African National Congress, ANC)는 소극적 저항을 지지했으나 1960년 샤프빌Sharpeville에서 평화 시위자들이 죽임을 당하자 폭력 전술을 택했다. 1963년 ANC의 지도자 넬슨 만델라가 체포되었다. 1961년 남아프리카연방은 영연방에서 탈퇴했지만 1980년대까지 경제제재는 별로 없었다. 그 무렵 남아프리카공화국은 국제적으로 소외당했다. 흑인의 저항이 심해지자 1985년에 국가비상사태가 선포되었다. 1990년 데클레르크de Klerk 대통령이 아파르트헤이트 완화 정책을 폈고 만델라를 석방했다. 1994년 최초의 자유선거를 거쳐 만델라는 첫 흑인 대통령이 되었다.

/ Apartheid

베트남전쟁

케네디 대통령은 쿠바 위기 후 미국의 위신을 살리고자 베트남에 미군을 증강했다. 린든 존슨 대통령은 전면전을 펼쳐서 자국 내 인기가 떨어졌다. TV 방송은 전쟁을 낱낱이 보여 주었다. 징집에 반대하는 무력시위가 일어났고 미군이 민간인 수백 명을 죽인 밀라이My Lai 학살 사건은 미국을 경악하게 만들었다. 존슨이 내놓은 개혁 정책 '위대한 사회'는 무너졌지만 인권은 발전했다. 베트남전쟁이 더욱 심화되던 1968년에 당선된 리처드 닉슨은 이길 수 없는 전쟁을 계속 추진했다. 국무장관 헨리 키신저는 한 국가가 공산화되면 주변 국가들도 '감염'된다는 도미노이론을 내세워 비동맹국인 캄보디아 폭격을 정당화했다. 미국은 (분명하지 않은) 핵심을 밝힐 때까지 철수하지 않겠다는 '명예로운 평화Peace with honor'를 제시했다. 그러나 워터게이트 사건이 터지자 닉슨은 갑작스럽게 베트남에 대한 적대적 태도를 거두고 소련, 중국과도 새로운 관계를 모색했다. 1975년 사이공은 공산주의자들에게 함락되었고 다음 해 베트남은 통일되었다.

/ Vietnam War

문화대혁명

마오쩌둥이 중국을 위해 세운 경제정책인 대약진운동은 대실패로 끝났고 다른 지도자들이 그의 자리를 탐내기 시작했다. 1950년대에는 토론이 제한되었지만 1965년 9월에 마오쩌둥의 협력자 린뱌오는 핵심 가치로 돌아갈 것과 계급 타파를 촉구했다. 교사와 학자, 엔지니어는 농장에서 노동을 해야만 했다. 엘리트주의에 대한 공격과 유교 전통에 대한 반박으로 민족 간 충돌이 일어났다. 급진적인 홍위병이 지역사회를 순찰하면서 엘리트를 색출하고 '지역 행동'(폭동)을 조직했다. 문화대혁명이 절정에 달한 1968년에는 외국인과 대사관까지 공격했다(당시 의화단운동을 자랑스레 언급했다). 최소 150만 명이 목숨을 잃었고 한 세대가 기초 교육의 기회조차 얻지 못했다.

마오쩌둥의 초기 계획은 류사오치(1968년 해임)를 실각시키는 것이었다. 그 후 마오쩌둥은 스스로 국가 주석 자리에 올랐지만 1976년 그가 세상을 떠나자 그의 아내와 측근들, 일명 4인방Gang of Four이 체포되었다. 마오쩌둥 체제는 1977년 막을 내렸다.

打碎旧世界
创立新世界

방글라데시

파키스탄에는 분단 이후 '파키스탄'이라 불리는 두 나라가 탄생했다. 통치 권력은 서파키스탄에 집중된 반면, 동파키스탄은 옛 벵골 술탄국에 비교될 정도인 데다, 인구 대다수가 거주하면서도 힘은 약했다. 힌두교 소수집단과 마찬가지로 벵골의 언어와 문화는 억압당했다. 1970년 선거에서 아와미 연맹이 선거에서 승리했지만 야히아 칸Yahya Khan 대통령은 결과를 인정하지 않았다. 그의 행정부는 동파키스탄을 강타한 볼라 사이클론Bhola Cyclone에 제대로 대처하지 못해 점점 인기가 떨어졌다. 게다가 야히아 칸은 서치라이트 작전Operation Searchlight을 실시해 집단 학살을 하고 지식인을 축출해 수백만 명이 인도로 도망쳤다. 사이클론과 홍수가 국제적 관심을 일으켜 록 스타 조지 해리슨이 최초로 자선 콘서트를 개최하자 야히아 칸에 대한 국제 여론이 악화되었다. 인도는 난민들을 환영했지만 칸은 그것을 적대 행위로 간주해 참혹한 전쟁을 일으키고 벵골 대학살을 방기했다. 1971년 동파키스탄은 방글라데시가 되었고 아와미 연맹의 셰이크 무지부르 라흐만이 총리에 올랐다.

/ Bangladesh

이디 아민

우간다는 영국이 식민지화화면서 19세기에 만들어진 국가로, 현재 영토에 네 개의 왕국과 여러 부족이 있다. 영국 식민지가 된 이후 인도에서 수많은 노동자가 들어왔다. 1962년 밀턴 오보테Milton Obote가 독립 우간다의 첫 지도자로 선출되었지만 내부 분규는 늘어났다. 결국 오보테는 육군 통수권을 맡긴 이디 아민과 함께 헌법의 효력을 중지시키고 군주제를 폐지했다.

1971년 오보테가 싱가포르를 방문했을 때 이디 아민은 쿠데타를 일으켜 그를 몰아냈다(영국은 오보테의 경제계획에만 신경 쓴 나머지, 자신이 세상 모든 짐승과 물고기의 신이라고 주장하는 남자를 과소평가했다). 1972년 이디 아민은 우간다에서 아시아인 6만 명을 쫓아내고(그중 다수는 영국에 정착했다) 그들의 재산을 군대에 넘겼다. 수십만 명을 학살한 이디 아민은 1978년 탄자니아 전쟁을 일으키고 위기에 몰리자 리비아로 달아났다. 오보테가 다시 정권을 잡자 내전이 일어났다. 1986년 반란군의 요웨리 무세베니Yoweri Museveni가 지도자가 되어 1993년 군주제를 부활시켰다.

/ Idi Amin

아옌데와 칠레

민주주의의 본보기를 보여 준 칠레에서는 1970년 반소비에트 사회주의자 살바도르 아옌데가 대통령에 당선되었다. 치솟는 인플레이션과 실업에 대한 그의 해결책은 미국의 닉슨 대통령을 경악시켰고 CIA는 아옌데의 기반을 약화시키라는 지시를 받았다. CIA는 프로파간다와 '퓨벨트 프로젝트FUBELT project'에 700만 달러를 투입해 아우구스토 피노체트가 이끄는 군사정부가 1973년 9월 11일에 집권할 수 있는 기반을 닦았다. 당시 닉슨은 탄핵 청문회로 바빴고 부통령 스피로 애그뉴는 체포된 상태여서 국무장관 키신저가 실질적 지도자였다.

피노체트의 쿠데타 과정에서 아옌데가 자살한 일과 노벨상 수상자 파블로 네루다가 급작스런 병세 악화로 사망한 일에 미국이 개입했는지 여부는 앞으로도 영영 알 수 없을지 모른다. 아옌데가 안정시킬 뻔한 칠레 경제를 피노체트가 악화시켰다. 피노체트는 잔혹했다. 수많은 사람이 고문당하거나 암살당하고 행방불명되었다.

/ Allende and Chile

욤 키푸르 전쟁

1973년 10월 6일은 유대교의 속죄일인 욤 키푸르, 이슬람의 라마단, 간조干潮가 겹친 날이었다. 유대교의 안식일이기도 했다. 따라서 그날, 이집트 군대가 1967년 '6일 전쟁'에서 빼앗긴 땅을 탈환하려고 쳐들어왔을 때 이스라엘에서는 라디오나 TV 방송도 없었고 군인들도 휴가를 떠나서 동원이 늦어졌다. 그사이 시리아의 탱크 부대가 골란 고원을 쳐들어왔다. 이집트의 사다트 대통령은 평화 회담을 재개하려는 뜻도 있었다. 이집트와 함께 온 시리아군도 승리 직전이었다. 이스라엘의 주무기는 공군이었지만 이집트는 소련의 미사일을 보유하고 있었다. 이스라엘의 제트키는 시리아 방어에 더 효과적이었다. 시리아 탱크 부대가 병력을 증강하려고 예루살렘 외곽에 멈춘 동안에 이스라엘의 동맹 미국은 재무장할 시간을 벌었다. 10월 24일 양쪽은 사격을 중지했다. 미국의 개입에 경악한 아랍 국가들은 석유수출국기구OPEC를 만들고 석유를 무기화했다. OPEC은 90일 만에 석윳값을 4배나 인상했다. 걷잡을 수 없는 인플레이션이 유럽을 마비시켰고 미국도 경기후퇴에 빠졌다.

/ Yom Kippur War

폴 포트

캄보디아의 시아누크 국왕은 미국의 원조를 거부하고 베트남전쟁에서 중립을 지켰다. 국경 너머에서 쌀이 비싼 값에 팔리자 그는 군대를 보내 추수를 감시하고 못 미더운 농민들을 제거했다. 또 1970년 쿠데타 당시 캄보디아에 있는 베트남인을 대학살했다. 미국·남베트남 군대의 도착은 캄보디아 공산주의자들에게 동기를 부여했다. 1973년에 이르러 '크메르 루주'가 캄보디아 전역을 다스렸다. 미국의 키신저는 캄보디아에 폭탄 투하를 지시했지만 오히려 문제가 복잡해졌다.

프랑스에서 유학했고 마오쩌둥과 계몽주의 사상을 동경하는 살로스 사르Saloth Sar는 '폴 포트Pol Pot'로 이름을 바꾸고 '대약진운동'과 문화대혁명, 공포정치를 병행했다. 그는 1975년을 원년Year Zero으로 명명했다. 도시인들을 강제로 이주시켜 농사일을 시켰는데 집단농장을 잘못 운영해 수백만 명이 죽었지만 명분 없는 대학살은 계속되었다. 1978년 크리스마스에 시작된 베트남의 침공은 많은 사람에게 구원이나 마찬가지였다.

/ Pol Pot

이란의 아야톨라

오늘날 이란 지배층의 다수를 차지하는 '아야톨라'는 시아파 열두 이맘파의 지도자들을 가리키는 칭호이다. 아야톨라 루홀라 호메이니는 수십 년간 파리에서 유배 생활을 하다가 1979년에 최고 권력자가 되었다. 1935년 페르시아는 이란으로 국명이 바뀌었고 리자 샤Reza Shah는 케말 아타튀르크를 표방하며 사파비왕조 이래 시아파였던 국가를 세속화하려고 했다. 제2차 세계대전 때 연합군이 쳐들어와 (석유와 러시아에 대한 보급로를 확보하고자) 리자 샤를 퇴위시키고 그의 아들 무함마드 리자 팔레비를 즉위시켰다.

1971년 이란은 2,500년간 이어진 군주제를 화려하게 기념했다. 욤 키푸르 전쟁 이후 이란이 OPEC을 주도하자 서방의 지지가 시들해졌다. 성직자들 중심으로 불만이 커지고 대중 봉기가 다시 일어났다. 샤는 추방한 정적들에 대한 사면을 확대했고 1979년 1월에 병 치료차 외국으로 나갔다. 샤푸르 바크티아르 수상은 기회를 틈 타 호메이니를 종교 지도자로 복귀시켰는데, 이는 이슬람 혁명을 전면화하는 결과를 불렀다.

소비에트연방의 붕괴

1964년 흐루쇼프에 이어 정권을 잡은 레오니트 브레즈네프는 동유럽에 대한 소련의 지배를 강화하고 군비를 대폭 확장했다. 하지만 경제성장이 받쳐 주지 못해서 동유럽 경제가 흔들리기 시작했다. 1956년 헝가리, 1968년 프라하에서 산발적으로 분리 독립 운동이 일어났지만 무력으로 제압되었다. 브레즈네프는 1979년 말에 아프가니스탄으로 군대를 보냈다. 부분적으로는 아야톨라의 영향력을 누르고 군수품 공장의 사용처를 찾기 위함이었다(이 침략은 오랫동안 영향을 끼쳤다). 브레즈네프의 뒤를 이은 1980년대의 지도자들은 러시아의 위성국들에서 점점 커지는 민족주의 정서를 막지 못했다. 폴란드의 연대자유노조Solidarity(1980년 결성)가 초기의 좋은 사례였고 결국 공산주의 정부가 자유선거를 실시하게 했다.

1985년에 소련의 지도자가 된 미하일 고르바초프는 서방국가와의 관계를 개선했다. 그는 영국의 마거릿 대처 총리와 새로운 무역 관계를 수립했고, 미국의 로널드 레이건 대통령과는 핵무기 축소 회담을 열어 세계를 놀라게 했다.

/ Collapse of the Soviet Union

글라스노스트(개방)와 페레스트로이카(전반적인 경제개혁)는 냉전 시대의 변화를 암시했다. 어쩌면 더 큰 변화를 막으려는 입막음이었을 수도 있지만 모든 국가가 자유를 얻었다.

1980년대의 마지막 두 달 동안 소비에트 국가들에서 체제를 거부하는 물결이 일어났다. 동유럽은 1989년 11월에 자유 여행을 허가했다. 시민들이 환호하며 베를린장벽을 부쉈고 1990년 동독과 서독은 통일되었다. 체코슬로바키아에서는 평화적인 '벨벳 혁명Velvet Revolution'으로 극작가 바츨라프 하벨Vaclav Havel이 석방되고 대통령에 당선되었다. 루마니아에서는 언론이 폭력적인 시위 진압 모습을 왜곡해서 보도하자 큰 반란이 일어났고 차우셰스쿠 대통령이 처형당했다. 폴란드에서는 연대자유노조의 지도자 레흐 바웬사가 대통령이 되었고, 유고슬라비아에서는 독립 주로 돌아가려는 움직임이 있었다(보스니아 위기가 촉발되었다). 러시아에서는 1991년 8월 군사 쿠데타가 실패한 뒤 자본주의와 민주주의 개혁을 선택했다. 소련은 같은 해 11월 공식적으로 막을 내렸다.

이란·이라크 전쟁

1980년 9월, 이라크의 사담 후세인 대통령은 이란의 샤가 물러나며 혼란한 틈을 타서 1930년대부터 계속된 분쟁을 다시 시작했다. 레이건 행정부는 아야톨라에 대항하는 수니파의 방어벽이 후세인의 바트당이라고 여겼다. 다른 서방국가들은 후세인의 작전을 원조했지만 이스라엘과 미국은 이란의 아야톨라 호메이니가 죽은 뒤 좀 더 나은 관계를 구축하기 위해 이란에 무기를 팔았다. 이란과 이라크는 적군의 유조선과 도시를 노렸다. 20세기 들어 가장 긴 전쟁이었던 8년간의 소모전에서 미국은 어느 쪽의 승리도 허용할 수 없었다.

첫 4년 동안 양쪽에서 잔혹한 급습이 이어졌지만 전쟁은 오랫동안 교착 상태에 빠졌다. 이라크의 전략은 자금과 물자 면에서 비용이 더 많이 들었다. 사격이 멈추고 국제연합의 중재로 이란은 1980년 당시의 국경을 되찾자 자신의 승리라고 여겼다. 하지만 7만 명에 이르는 이란군 포로가 본국으로 송환된 것은 2003년 미국의 이라크 침공 이후였다.

/ Iran-Iraq War

보스니아

소비에트연방이 붕괴되고도 위성국들의 민족적, 문화적 경쟁은 공산주의자의 억압이 몇 년 계속된 뒤에야 해빙되었다. 제1차 세계대전의 원인이 된 사라예보사건을 일으킨 열성적인 민족주의가 75년 만에 다시 등장했다.

베르사유 조약에 의해 슬라브 민족들이 세운 유고슬라비아는 요시프 브로즈 티토의 지도 아래 몇십 년 동안 단결했다. 그러나 그가 1980년에 세상을 떠난 후 분열이 심화되었다. 1991년 슬로베니아와 크로아티아가 분리되었고 1992년 보스니아·헤르체고비나가 분리 독립했다. 보스니아는 인구의 절반이 기독교(세르비아인과 크로아티아인)이고 절반이 이슬람교(보스니아인)였는데 크로아티아인과 보스니아인은 독립을 원했지만 세르비아인은 세르비아와의 통일을 원했다. 급기야 전쟁이 일어났고 세르비아는 이슬람교도들을 제거하려는 '인종 청소'를 시작했다. 1995년 나토군이 분쟁을 중지시켰지만 10만 명이 죽고 그보다 더 많은 난민이 발생했다. 평화로운 다민족국가의 꿈은 사라졌고 뒷날 전범자 다수가 국제재판에 섰다.

lcome to hell!

'테러와의 전쟁'

1988년 이란·이라크 전쟁 말기에 사담 후세인은 금지된 화학무기로 터키 국경에 인접한 쿠르드족 마을 할랍자Halabja를 공격했다. 1990년 이라크가 쿠웨이트를 공격하자 영국과 미국이 개입했다. 국제연합은 '사막의 폭풍 작전'을 제한적으로 승인했고 이 작전으로 이라크는 패배했지만 후세인은 권력을 유지했다.

시아파 테러 단체 알카에다가 2001년 뉴욕을 공격하자 조지 W. 부시 대통령은 후세인을 몰아내기 위해 전쟁을 일으켰다. 공식적인 개전 이유는 1988년에 사용한 대량 살상 무기WMDs의 존재였다. 영국만이 '사막의 방패Desert Shield'에 물질적 지원을 했다. 새로 들어선 이라크 정부는 후세인을 처형했지만 대량 살상 무기는 발견되지 않았다.

부시 대통령은 알카에다와 후세인의 연결 고리를 그럴듯하게 만들고 미국의 행동을 '테러와의 전쟁'이라고 선포했다. 첫 목표물은 1979년 소비에트연방의 아프가니스탄 침공 당시 미국이 지원한 시아파 세력이었다. 나토군이 아프가니스탄에 배치되었고 많은 사상자가 발생했다.

인근 파키스탄은 탈레반과 알카에다 조직원들(특히 과거에 미국의 동맹이었던 오사마 빈라덴)의 피난처였지만 침략을 받지 않았다. 이라크 이웃이자 미국 동맹국인 터키는 (쿠르드족에 대한) 억압을 더해 갔는데, 비난받기보다 지지받았다. 일부 유럽 이슬람교도는 극단주의로 변했다. 그들의 목표물에는 마드리드와 런던도 있었다. 그 외 이슬람교도는 정부가 보안을 이유로 감시와 규제를 정당화하는 것을 두려워했다. 러시아도 이슬람 테러에 대한 우려를 내세워 체첸의 분리 독립을 저지했다. 2013년 러시아 태생 이슬람교도가 일으킨 보스턴마라톤 대회 테러는 세계 정치가 현지화되고 있다는 미국의 인식을 더욱 굳혔다.

2011년 빈 라덴이 죽은 뒤 보코 하람이나 ISIS, 무슬림 형제단 등의 활동이 늘어났다. 많은 정부가 두려움을 이용해 매우 엄격한 법을 만들지만 인터넷을 즐겨 사용하고 서구 사회에 관심이 많은 젊은 세대로 인해 친민주주의 운동과 강경한 시아파의 짧은 동맹이 이루어지기도 했다(2011년 실패로 끝난 '아랍의 봄' 등).

신용경색

1979년 이후 각 정부에서는 금융 서비스 부문에서 규제 완화를 실험했고 1986년에는 자동화된 국제 주식시장이 등장했다. 중국과 중동에서는 세계 금리를 낮춰 저축 과잉을 초래했고, 2001년 미국 연방준비제도이사회 의장은 금리를 1퍼센트로 낮추었다. 수익을 바라는 투자자들은 주택저당증권mortgage으로 눈을 돌렸고, 그 수요가 이어지게 하려고 미국은 연방 대출 기관에서 필요한 대출 증권의 양을 낮추었다.

연금 기금과 유럽 은행은 채무불이행이 국지적 문제일 것이라 판단하고 '싼' 미국 돈을 잔뜩 빌려 주택저당증권에 투자했다. 하지만 소액 투자자들이 이전의 채무불이행으로 수익을 잃고 주택 압류가 이어져 집값이 크게 떨어지자 채무불이행은 눈덩이처럼 불어났다. 2008년 8월 연방 대출 기관들이 항복을 선언하면서 리먼브라더스 은행이 파산했다. 결과적으로 대공황과 맞먹는 세계적 경기침체가 찾아왔다. 각 정부는 일자리와 개인저축을 지키기 위해 직접 중재에 나서 은행을 구제할 수밖에 없었다.

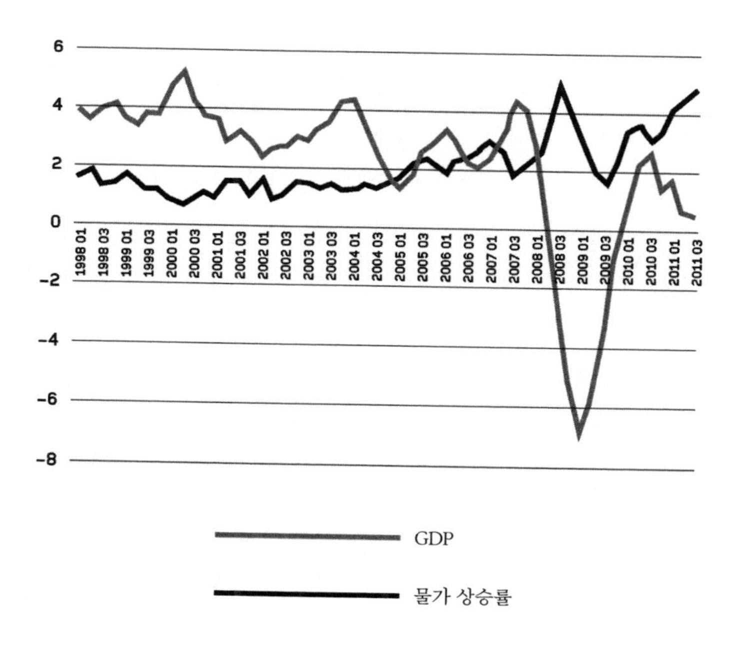

영국 통계를 바탕으로 만든 이 그래프는 갑작스런·경제 생산량 급락과 금리 급등을
보여 준다. 이는 여러 국가에서 나타난 신용경색의 전형적인 특징이다.

인터넷

컴퓨터를 사용한다는 개념은 1930년대에 등장했다. 그것은 1이나 0의 이분법으로 저장된 데이터가 기계적 또는 전자적 수단을 통해 추상적인 논리 과정을 수행할 수 있다는 뜻이었다. 제2차 세계대전 당시 영국 수학자 앨런 튜링은 나치의 신호를 해독하는 데 사용된 프로그래밍 기계 콜로서스Colossus의 토대를 마련했다. 그 존재는 기밀이었지만 미국의 연구자들은 곧 비슷한 기계를 만들었다. 윌리엄 쇼클리가 1947년 반도체 트랜지스터를 만들면서 반도체를 이용한 스위치의 소형화가 가능해졌다.

1960년대에 미군과 전 세계 대학들은 아르파넷ARPANET(이메일을 포함하는 초기 컴퓨터 네트워크)을 개발했고 영국의 엔지니어들은 디지털 정보를 전달하는 패킷 변환 시스템을 확립했다. 1991년 팀 버너스리는 하이퍼텍스트를 그 전의 컴퓨터 공유 프로토콜에 연결해 월드와이드웹을 탄생시켰다. 1990년대에는 마이크로소프트와 아메리카온라인이 인터넷 보급에 기여했다. 현대인은 서로 연결된 컴퓨터를 가정에서 더 저렴하고 빠르게 쓸 수 있게 되었다.

찾아보기

ㅇ

Picture Credits

9: José Braga; Didier Descouens via Wikimedia / 15: E. R. Degginger/ Science Photo Library / 17: Eduard Kyslynskyy/Shutterstock / 19: Wellcome Library, London / 22: ian woolcock/ Shutterstock / 23: Sponner/Shutterstock / 29: mountainpix/Shutterstock / 33: Goran Bogicevic/Shutterstock / 35: Babich Alexander/Shutterstock / 37: Gerbil via Wikimedia / 39: Eduardo Rivero/ Shutterstock / 41: Kamira/Shutterstock / 45: Mariusz S. Jurgielewicz/Shutterstock / 47: Gunter Kremer/Shutterstock / 49: Praxinoa via Wikimedia / 51: Bule Sky Studio/Shutterstock / 61: Bpilgrim via Wikimedia / 65: KernB via Wikimedia / 67: Hung Chung Chih/Shutterstock / 75: Morphart Creation/Shutterstock / 77: Oleg Senkov/Shutterstock / 79Anton_Ivanov/ Shutterstock / 85 Sean Pavone/Shutterstock / 95 Heritage Images/Contributor via Getty Images / 99deamles for sale/Shutterstock / 101 World Imaging via Wikimedia / 103 Thomas Gun via Wikimedia / 109: Karol Kozlowski/Shutterstock / 113: Iasahan via Wikimedia / 119: Brooklyn Museum via Wikimedia / 121: US National Archives and Records Administration / 127: Daniel Prudek/Shutterstock / 133: World Imaging via Wikimedia / 153: JPRichard/ Shutterstock / 155: Library of Congress / 159: Arena Photo UK/Shutterstock / 163: Sp!ros via Wikimedia / 195: fullempty/ Shutterstock / 209: Mary Evans Picture Library / 211: Zurijeta/Shutterstock / 227: Marzolino/Shutterstock / 229: Three Lions/Stringer via Getty Images / 239: Mary Evans Picture Library / 253: Morphart Creation/Shutterstock / 261: villorejo/Shutterstock / 285: Wikimedia/ German Federal Archives / 295: Library of Congress / 321: Otis Historical Archives/ National Museum of Health & Medicine / 329: Everett Collection/Shutterstock / 335: Popperfoto/Contributor via Getty Images / 337: Wikimedia/German Federal Archives / 341: Wikimedia/German Federal Archives / 347: MikhailSh/Shutterstock / 353: The Palmach Archive/Wikimedia / 355: Hung Chung Chih/Shutterstock / 363: ©TopFoto / 367: NASA / 369: Library of Congress / 371: US National Archives and Records Administration / 373: NASA / 375: The National Archives (United Kingdom) / 377: NASA / 379: Gamma-Rapho via Getty Images / 385: GAROFALO Jack/ Contributor via Getty Images / 387: Archive Photos/Stringer via Getty Images / 389: Biblioteca del Congreso Nacional de Chile / 393: Kurita KAKU/Contributor via Getty Images / 395: GABRIEL DUVAL/ Staff via Getty Images / 401: Tom Stoddart Archive/Contributor via Getty Images / 407: ©Purepix/Alamy.

All other illustrations by Tim Brown

옮긴이 **정지현**

스무 살 때 남동생의 부탁으로 두툼한 신시사이저 사용 설명서를 번역해 준 것을 계기로 번역의 매력과 재미에 빠졌다. 대학 졸업 후 출판 번역 에이전시 베네트랜스 전속 번역가로 활동 중이며 현재 미국에 거주하면서 책을 번역한다. 『위너스』, 『뉴욕 미스터리』, 『한 장의 지식: 빅 아이디어』 등 다수의 책을 옮겼다.

| 한장의 지식 | 세계사

1판 1쇄 인쇄 2016년 12월 30일
1판 1쇄 발행 2017년 1월 12일

지은이 탯 우드, 도러시 에일
옮긴이 정지현
펴낸이 김영곤
펴낸곳 아르테

미디어사업본부 이사 신우섭
책임편집 신원제 인문교양팀 장미희 디자인 박대성 교정 송경희
영업 권장규 오서영 프로모션 김한성 최성환 김선영 정지은

출판등록 2000년 5월 6일 제406-2003-061호
주소 (10881) 경기도 파주시 회동길 201(문발동)
대표전화 031-955-2100 팩스 031-955-2151 이메일 book21@book21.co.kr

ISBN 978-89-509-6862-5 03900
아르테는 (주)북이십일의 문학 브랜드입니다.

(주)북이십일 경계를 허무는 콘텐츠 리더

아르테 채널에서 도서 정보와 다양한 영상자료, 이벤트를 만나세요!
가수 요조, 김관 기자가 진행하는 팟캐스트 '[북팟21] 이게 뭐라고'
페이스북 facebook.com/21arte **블로그** arte.kro.kr
인스타그램 instagram.com/21_arte **홈페이지** arte.book21.com